KB037383

혼자서도 배울 수 있는

기초

英語會話

관광/학습/생활회화

이 현 숙 著

우성출판사

♠ 차 례

● **발음 기호** ---------------------------------- 6

제 1 장 기본적인 회화

1. 인 사 ---------------------------------- 10
2. 소 개 ---------------------------------- 13
3. 날씨와 계절 ---------------------------------- 15
4. 수, 숫자 ---------------------------------- 18
5. 년, 월, 일, 요일 ---------------------------------- 20
6. 때, 시간 ---------------------------------- 25
7. 방향, 위치 ---------------------------------- 28
8. 의뢰, 감사의 표현 ---------------------------------- 30
9. 사죄, 사과 ---------------------------------- 33
10. 칭찬하는 말 ---------------------------------- 35
11. 권유할 때 ---------------------------------- 37
12. 희망의 말 ---------------------------------- 39
13. 위로할 때 ---------------------------------- 41
14. 의문문 ---------------------------------- 42
15. 질문과 대답 ---------------------------------- 45
16. 스포츠 ---------------------------------- 48
17. 연결하는 말 ---------------------------------- 51

제 2 장 특정장소에서의 회화

1. 비행기에서 ---------- 54
2. 입국, 세관 ---------- 61
3. 호 텔 ---------- 68
4. 통 신 ---------- 78
5. 교통, 탈 것 ---------- 89
6. 관광, 오락 ---------- 104
7. 식 사 ---------- 110
8. 쇼 핑 ---------- 119
9. 은 행 ---------- 127
10. 분실, 사고 ---------- 130
11. 약국, 병원 ---------- 134
12. 귀 국 ---------- 141

제 3 장 상용 회화

1. 상황에 따른 분류 ---------- 148
2. 상황에 따른 회화 및 예문 ---------- 151
  1) 나와 당신 ---------- 151
  2) 이것, 저것, 그것 ---------- 154
  3) 여기, 저기, 거기 ---------- 159
  4) 지금 몇시입니까? ---------- 162
  5) 당신은 어디에 가십니까? ---------- 164
  6) 나는 아침에 밥을 먹습니다 ---------- 167

7) 그는 영어로 말합니다 --------------- 170
8) 장미꽃은 예쁩니다 ------------------ 173
9) 나는 사과를 좋아합니다 ------------- 177
10) 어린이가 방에 있습니다 ------------- 181
11) 나는 일 주일에 한 번 빨래를 합니다 - 185
12) 서울은 부산보다 큽니다 ------------- 189
13) 밥을 먹으러 갑시다 ----------------- 192
14) 사전을 빌려 주세요 ----------------- 196
15) 이 카세트를 이용해도 됩니까? ------- 199
16) 이 사과는 크고 맛있습니다 ---------- 202
17) 나를 잊지 마세요 ------------------- 205
18) 그는 운전을 할 수 있습니다 --------- 209
19) 나는 로키 산을 본 적이 있습니다 ---- 212
20) 선생님은 무어라고 말씀하셨습니까? -- 215

발음기호

모음			
발음기호	우리말에서 비슷한 소리	보기	비고
[iː]	이―	eat (먹다)	[i] 「이」보다는 「에」에 가깝게 짧게 낸다.
[i]	이	it (그것)	
[e]	에	egg (달걀)	[ɔː] 입을 크게 벌려 「오」 발음을 한다.
[æ]	애	apple (사과)	
[ɑ]	아	stop (멈추다)	[u] 「우」보다 「으」에 가깝게 낸다.
[ɑː]	아―	father (아버지)	
[ɔ]	오	on (~위에)	
[ɔː]	오―	orange (오렌지)	
[u]	우	book (책)	
[uː]	우―	food (음식)	
[ʌ]	어	uncle (아저씨)	
[ə]	어	ago (~전에)	
[ei]	에이	name (이름)	
[ou]	오우	go (가다)	
[ai]	아이	I (나)	
[au]	아우	out (바깥)	
[iɚ]	이어	ear (귀)	
[ɛɚ]	에어	there (거기)	
[ɔɚ]	오어	door (문)	
[uɚ]	우어	poor (가난한)	
[ɔi]	오이	boy (소년)	

자 음			
발음 기호	우리말에서 비슷한 소리	보 기	비 고
[g]	ㄱ	give (주다)	[s] 모음 앞에서는
[tʃ]	취	teacher (선생님)	「쓰」, 기타의 경우
[dʒ]	쥐	joy (기쁨)	는「ㅅ」
[ŋ]	ㅇ	morning (아침)	[θ], [ð] 이빨 사이에
[θ]	ㅆ	thank (고맙다)	혀를 댔다가 빼면
[ð]	ㄷ	this (이것)	서「쓰」,「드」라고
[ʃ]	쉬	she (그녀)	발음한다.
[ʒ]	쥐	television (TV)	[f], [v] 윗 이빨로 아
[h]	ㅎ	house (집)	랫 입술을 살며시
[p]	ㅍ	pen (펜)	누르고 바람을 내
[b]	ㅂ	bag (가방)	보내면서 「프」,
[t]	ㅌ	time (시간)	「브」발음을 낸다.
[d]	ㄷ	desk (책상)	[l] 혀가 입천장에 닿는
[k]	ㅋ	come (오다)	「ㄹ」
[m]	ㅁ	map (지도)	[r] 혀가 입천장에 닿
[n]	ㄴ	no (아니오)	지 않는「ㄹ」
[l]	ㄹ	long (긴)	
[r]	ㄹ	rain (비)	
[f]	ㅍ	five (다섯)	
[v]	ㅂ	very (매우)	
[s]	ㅅ	see (보다)	
[z]	ㅈ	zoo (동물원)	
[j]	이	yes (예)	
[w]	우	well (잘)	

제 1 장

기본적인 회화

1. 인　사

● Good morning.
굿　모닝
(안녕하십니까? — 아침인사)

● Hi.
하이
(안녕 — 친한 사이일 때)

● Good afternoon.
굿　애프터눈
(안녕하세요. — 낮인사)

● Good evening.
굿　이브닝
(안녕하세요 — 저녁인사)

● Good night.
굿　나잇
(안녕히 주무세요. — 헤어질 때)

● See you again.
씨　유　어겐
(또 만납시다 — 헤어질 때)

● See you later. Good bye.
씨 유 래이터 굿 바이
(안녕히 계세요. 안녕히 가세요. 안녕 — 헤어질 때)

● I'm fine, thank you.
아임 파인 쌩 큐
(괜찮습니다. 좋습니다. — 감사합니다)

● Long time no see.
롱 타임 노 씨
(오래간만입니다. 한동안 못 뵈었습니다.)

● It's been a long time.
잇쯔 빈 어 롱 타임
(오랫만입니다.)

● I have not seen you for a long time.
아이 해브 낫 씬 유 포 어 롱 타임
(오랫만에 뵙습니다. 격조했습니다.)

● How's business?
하우즈 비지니스
(하시는 일은 어떻습니까?)

● Just so so.
저스트 소 소
(그저 그렇습니다.)

● So far so good.
소 파 소 굿
(이럭저럭 하고 있습니다. 그런대로 해 나갑니다.)

- I think I must be going now.
  아이 씽크 아이 머스트 비 고잉 나우
  (먼저 갑니다. — 함께 있다 먼저 일어날 때)

- Please excuse me my leaving earlier.
  플리즈 익스큐즈 미 마이 리빙 얼리어
  (먼저 실례하겠습니다.)

2. 소 개

● How do you do?
하우 두 유 두
(처음 뵙겠습니다.)

● How do you do? My name is Alan.
하우 두 유 두 마이 네임 이즈 앨른
(처음 뵙겠습니다. 앨른입니다.)

● Let me introduce Lewis.
렛 미 인트로듀스 루이스
(루이스 씨를 소개합니다.)

● I'm Lewis.
아임 루이스
(루이스입니다.)

● Glad to meet you.
글래드 투 미 츄
(뵙게 되어 대단히 반갑습니다.)

● It's my honor to meet you.
잇쯔 마이 아너 투 미 츄
(만나게 되어 영광입니다.)

● I work for a trading company.
아이 워크 포 어 트레이딩 컴퍼니
(저는 무역회사에 근무하고 있습니다.)

● This is my namecard.
디스 이즈 마이 네임카드
(이것이 저의 명함입니다.)

3. 날씨와 계절

- Fine day today.
  파인 데이 투데이
  (좋은 날씨입니다.)

- It's very clear.
  쯔 베리 클리어
  (날씨가 아주 맑군요.)

- It's a bit cloudy today.
  잇쯔 어 빗 클라우디 투데이
  (조금 구름이 끼었습니다. 조금 흐립니다.)

- It's very hot.
  잇쯔 베리 핫
  (오늘은 덥군요.)

- It's cold. It's chilly. It's cool. It's warm.
  잇쯔 콜드 잇쯔 췰리 잇쯔 쿨 잇쯔 워엄
  (춥다. 서늘하다. 시원하다. 따뜻하다.)

- Windy day today.
  윈디 데이 투데이
  (바람이 세차군요.)

● It's raining.
잇쯔 레이닝
(비가 옵니다. 비가 내리고 있습니다.)

● It's a shower.
잇쯔 어 샤우워
(소나기입니다.)

● It's snowing.
잇쯔 스노잉
(눈입니다. 눈이 옵니다.)

● We have a beautiful first snow this year.
위 해브 어 뷰티플 퍼스트 스노우 디스 이어
(금년의 첫눈은 예뻤었지요, 소복이 많이 왔다는 뜻도 됨.)

● It sleets.
잇 슬리쯔
(진눈깨비군요.)

● It's a great snow-storm.
잇쯔 어 그래잇 스노우 스토옴
(눈보라가 대단하군요.)

● It's very moist.
잇쯔 베리 모이스트
(습기가 많군요.)

● The rainy season makes me crazy.
더 레이니 시즌 메이크스 미 크래이지
(장마는 정말 지겹군요.)

- Spring, Summer, Autumn(=Fall), Winter
  스프링 써머 어텀 폴 윈터
  (봄, 여름, 가을, 겨울)

- How about going on a picnic this spring vacation?
  하우 어바웃 고잉 온 어 피크닉 디스 스프링 베이케이션
  (이번 봄방학에 소풍 가실까요? 소풍 갈까요?)

- In America, summer is long and sultry.
  인 어메리커 써머 이즈 롱 앤 썰트리
  (미국의 여름은 길고, 무더운 날이 많군요.)

- The Rocky Mountains has spectacle scenery in autumn, too.
  더 록키 마운틴즈 해즈 스펙터클 씨너리 인 어텀 투
  (로키 산은 가을의 경치도 아주 훌륭하군요.)

- It's better to have heavy snow in winter.
  잇쯔 베터 투 헤브 헤비 스노우 인 윈터
  (겨울에는 역시 눈이 많이 내리는 편이 좋군요.)

4. 수, 숫자

▨ Cardinal number(기수)

● one, two, three, four, five, six,
원 투 쓰리 포 파이브 씩스
seven, eight, nine, ten.
쎄븐 에잇 나인 텐
(일, 이, 삼, 사, 오, 육, 칠, 팔, 구, 십)

● hundred, thousand, million, billion
헌드레드 싸우전드 밀리언 빌리언
(백, 천, 백만, 10억)

▨ Ordinal number(서수)

● first, second, third, fourth, fifth,
퍼스트 쎄컨드 써드 포쓰 피프쓰
sixth, seventh, eighth, ninth, tenth
씩쓰쓰 쎄븐쓰 에잇쓰 나인쓰 텐쓰
(하나, 둘, 셋, 넷, 다섯, 여섯, 일곱, 여덟, 아홉, 열)

▨ 개 수

● one, two, three, four, five, six,
원 투 쓰리 포 파이브 씩스
seven, eight, nine, ten.
쎄븐 에잇 나인 텐
(한 개, 두 개, 세 개, ………, 아홉 개, 열 개)

▨ 사람을 셀 때

● one, two, three, four, five, ………, ten.
원 투 쓰리 포 파이브 텐
(한 사람, 두 사람, 세 사람, ………, 열 사람)

5. 년, 월, 일, 요일

▨ Year

● this year, next year, after two years
디스 이어 넥스트 이어 애프터 투 이어스
(금년, 내년, 내후년)

● last year, two years ago
래스트 이어 투 이어즈 어고우
(작년, 재작년)

▨ Month

● January, February, March, April, May,
제뉴어리 페뷰러리 마아치 애이프럴 메이
June, July, August, September, October,
준 줄라이 어어거스트 셉템버 옥토우버
November, December.
노우벰버 디셈버
(1월, 2월, 3월, 4월, 5월, 6월, 7월, 8월, 9월, 10월, 11월, 12월)

▨ Day

● today, tomorrow, the day after tomorrow
투데이 투마로우 더 데이 애프터 투마로우
(오늘, 내일, 모래)

● Yesterday, two days before, (the day
예스터데이 투 데이즈 비포우 더 데이
before yesterday) three days before
비포 예스터데이 쓰리 데이즈 비포
(어제, 그저께, 그그저께)

● It's been warm this January.
잇쯔 빈 워엄 디스 제뉴어리
(금년 정월은 따뜻하군요.)

● first, second, third, fourth, fifth
퍼스트 쎄컨드 써드 포쓰 피프쓰
(1일, 2일, 3일, 4일, 5일)

● sixth, seventh, eighth, ninth, tenth
씩쓰쓰 쎄븐쓰 에잇쓰 나인쓰 텐쓰
(6일, 7일, 8일, 9일, 10일)

● eleventh, twelfth, thirteenth, fourteenth,
일레븐쓰 투웰프쓰 써틴쓰 포틴쓰
fifteenth
피프틴쓰
(11일, 12일, 13일, 14일, 15일)

● sixteenth, seventeenth, eighteenth,
씩쓰틴쓰 쎄븐틴쓰 에잇틴쓰
nineteenth, twentieth
나인틴쓰 투웬티쓰
(16일, 17일, 18일, 19일, 20일)

● December thirty first, January first,
디셈버 써티 퍼스트 제뉴어리 퍼스트
February twentieth, May twentieth,
페뷰러리 투웬티쓰 메이 투웬티쓰
July seventh
줄라이 쎄븐쓰
(12월 31일, 1월 1일, 2월 20일, 5월 20일, 7월 7일)

▨ 요 일

● Sunday, Monday, Tuesday, Wednesday,
썬데이 먼데이 튜즈데이 웬즈데이
Thursday, Friday, Saturday
써즈데이 프라이데이 쎄터데이
(일요일, 월요일, 화요일, 수요일, 목요일, 금요일, 토요일)

● festival
페스티벌
(축일, 축제일)

● New Year's Day
뉴 이어스 데이
(1월 1일)

● Children's Day
칠드런즈 데이
(어린이날)

● last week, this week, next week.
라스트 위크 디스 위크 넥스트 위크
(지난주, 금주, 다음주)

● every week, weekend
에브리 위크 위크엔드
(매주, 주말)

● What's the date of today?
왓쯔 더 데이트 어브 투데이
(오늘은 며칠입니까?)

● Today is March first.
투데이 이즈 마아치 퍼스트
= It is March first today.
잇 이즈 마아치 퍼스트 투데이
(오늘은 3월 1일입니다.)

● What day was yesterday?
왓 데이 워즈 예스터데이
(어제는 무슨 요일이었습니까?)

● Yesterday was Tuesday.
예스터데이 워즈 튜즈데이
= It was Tuesday yesterday.
잇 워즈 튜즈데이 예스터데이
(어제는 화요일이었습니다.)

- When did you come to America?
  웬 디 쥬 컴 투 어메리카
  (당신은 언제 미국에 오셨습니까?)

- I came to America last April 20.
  아이 케임 투 어메리카 래스트 애이프럴 투웬티쓰
  (나는 작년 4월 20일 미국에 왔습니다.)

- He(She) will be back to Korea next week.
  히 쉬 윌 비 백 투 코리어 넥스트 위크
  (그이(그녀)는 다음주 수요일에 한국에 돌아갑니다.)

- When is your birthday?
  웬 이즈 유어 버어쓰데이
  (당신의 생년월일은 언제입니까?)

6. 때, 시간

● morning, afternoon, evening, night
모닝 애프터눈 이브닝 나잇트
(아침, 낮, 저녁, 밤)

● A.M, P.M
에이 엠 피 엠
(오전, 오후)

● sunrise, sunset
썬라이즈 썬셋
(아침해 일출 , 저녁해 일몰)

● sun, moon, star
썬 문 스타
(해, 달, 별)

● one o'clock, two o'clock, three o'clock,
원 어클락 투 어클락 쓰리 어클락
four o'clock.
포 어클락
(한시, 두시, 세시, 네시)

- one minute, two minutes,
  원 미닛 투 미닛쯔
  three minutes, four minutes.
  쓰리 미닛쯔 포 미닛쯔
  (1분, 2분, 3분, 4분)

- quarter, half, three quarters
  쿼터 하아프 쓰리 쿼터즈
  (15분, 30분, 45분)

- one second, quarter seconds, forty five seconds
  원 쎄컨드 쿼터 쎄컨즈 포티 파이브 쎄컨즈
  (1초, 15초, 45초)

- Excuse me, What time is it now?
  익스큐즈 미 왓 타임 이즈 잇 나우
  (미안합니다만 지금 몇시입니까?)

- It is 2 : 10 p. m.
  잇 이즈 투 텐 피 엠
  (오후 2시 10분입니다.)

- It is a quarter to eight.
  잇 이즈 어 쿼터 투 에잇
  (8시 15분전입니다.)

- It is fifteen past twelve.
  잇 이즈 피프틴 패스트 투웰브
  (12시 15분입니다.)

● What time can you come?
왓 타임 캔 유 컴
(당신은 몇시에 올 수 있습니까?)

● I'll be there at 10 o'clock.
아일 비 데어 앳 텐 어클락
(정각 10시에 오겠습니다.)

● What time does the bank open?
왓 타임 더즈 더 뱅크 오픈
(은행은 몇시에 시작합니까?)

● At ten.
앳 텐
(10시입니다.)

● Please keep a good time.
플리즈 킵 어 굿 타임
(약속시간을 지켜 주십시오.)

7. 방향, 위치

- east, eastward, west, westward
  이스트 이스트워드 웨스트 웨스트워드
  (동, 동쪽, 서, 서쪽)

- south, southward, north, northward
  싸우쓰 싸우쓰워드 노우쓰 노우쓰워드
  (남, 남쪽, 북, 북쪽)

- before, forward, back, backward
  비포 포워드 백 백워드
  (전, 앞쪽, 후, 뒤쪽)

- left, leftside, right, rightside
  레프트 레프트싸이드 라이트 라이트싸이드
  (좌, 왼쪽, 우, 오른쪽)

- middle, above, below
  미들 어보부 빌로우
  (한가운데, 상=위, 하=아래)

- here, there
  히어 데어
  (여기, 거기=저기)

- here, there
  히어 데어
  (이쪽, 그쪽=저쪽)

- straight, where
  스트레이트 웨어
  (똑바로, 어느쪽=어디)

8. 의뢰, 감사의 표현

- Please speak slowly.
  플리즈 스피크 슬로울리
  (천천히 말해 주세요.)

- I beg your pardon.
  아이 베그 유어 파든
  (다시 한 번 말씀해 주십시오.)

- Please hurry up.
  플리즈 허리 업
  (좀 서둘러 주세요.)

- Please help me.
  플리즈 헬프 미
  (좀 도와 주세요.)

- Would you please give me a hand?
  우 쥬 플리즈 기브 미 어 핸드
  (협력 부탁드립니다.)

- Don' t forget.
  돈 포겟
  (잊지 말아 주십시오.)

● Would you please go get it for me?
우 쥬 플리즈 고 겟 인 포 미
(저에게 가져다 주십시오.)

● Would you do me a favor?
우 쥬 두 미 어 페이버
(부탁 좀 들어 주세요.)

● Thanks a lot.
쌩쓰 어 랏
(참으로 고맙습니다. 감사합니다.)

● I owe a great deal to you.
아이 오우 어 그래잇 딜 투 유
I've troubled you much.
아브 트라블드 유 머치
(신세 많이 졌습니다. 신세를 끼쳤습니다.)

● I was very happy.
아이 워즈 베리 해피
(매우 즐거웠습니다.)

● I'll not forget your kindness.
아일 낫 포겟 유어 카인드니스
(친절히 대해주심을 잊지 않겠습니다.)

● Excuse me
익스큐즈 미
(실례합니다.)

- Thank you for helping me
  쌩 큐 포 헬핑 미
  (협력해 주셔서 감사합니다.)

- Glad to meet you.
  글래드 투 미 츄
  (만나뵙게 되어 반갑습니다. 기쁩니다.)

- I've enjoyed myself. Thank you.
  아브 인조이드 마이셀프 쌩 큐
  (맛있는 음식을 만들어 주셔서 감사합니다.)

- Thank you for accompanying me!
  쌩 큐 포 어컴퍼닝 미
  (동행해 주셔서 감사합니다.)

9. 사죄, 사과

- Excuse me.
  익스큐즈 미
  (죄송합니다. 여보세요… : 상점 등에서 주인을 찾을 때)

- I'm sorry.
  아임 쏘리
  (미안합니다.)

- Sorry.
  쏘리
  (미안. 미안해)

- I'm sorry with all my heart.
  아임 쏘리 위드 올 마이 하트
  (마음으로부터 사과드립니다.)

- Excuse me for being late. (I'm sorry for
  익스큐즈 미 포 빙 래이트 아임 쏘리 포
  being late.)
  빙 레이트
  (늦어서 죄송합니다.)

- I'm sorry to have troubled you much.
  아 임 쏘리 투 해브 트라블드 유 머치
  (폐를 끼쳐서 죄송합니다.)

- I'm sorry I have a previous appointment.
  아임 쏘리 아이 해브 어 프리비어스 어포인트먼트
  (선약이 있습니다. 죄송합니다)

10. 칭찬하는 말

- It's very good.
  잇쯔 베리 굿
  (참 잘 하셨습니다.)

- I would like to award a prize to you.
  아이 우드 라익 투 어워드 어 프라이즈 투 유
  (상을 드리지요.)

- That cap looks nice on you.
  댓 캡 룩쓰 나이스 온 유
  (그 모자는 잘 어울리는군요.)

- Very beautiful. It's pretty.
  베리 뷰티풀 잇쯔 프리티
  (참 아름답군요, 예쁩니다.)

- Wonderful!
  원더풀
  (훌륭하네요.)

- He is a diligent child who gives every
  히 이즈 어 딜리젼트 차일드 후 기브즈 에브리

strength to anything.
스트렝쓰 투 에니씽
(저 아이는 정말 매사에 노력하는 성실한 아이군요.)

- Very nice!
베리 나이스
(멋있다 정말 멋지군요.)

- Mr. Kim is very kind
미스터 킴 이즈 베리 카인드
(김 선생님은 친절한 분이십니다.)

- Everything has gone well.
에브리씽 해즈 곤 웰
(잘 되었습니다.)

11. 권유할 때

- Please.
  플리즈
  (자, 어서, 이리로, 좋아요, 하세요 등 여러 가지로 쓰임)

- After you, please
  애프터 유 플리즈
  (먼저 하시지요.)

- Please make yourself at home.
  플리즈 메이크 유어셀프 앳 홈
  (편히 쉬세요.)

- Please take it easy.
  플리즈 테익 잇 이지
  (편히 쉬세요.)

- Please come here.
  플리즈 컴 히어
  (이쪽으로 오시지요.)

- Please come to my birthday party.
  플리즈 컴 투 마이 버어쓰데이 파티
  (제 생일 파티에 와주십시오.)

● Please come over me when you are convenient.
플리즈 컴 오버 미 웬 유 아 컨비니언트
(여가가 있으실 때 놀러와 주십시오.)

● Would you mind taking a walk with me?
우 쥬 마인드 테이킹 어 워크 위드 미
(함께 산보하러 가실까요?)

12. 희망의 말

- I would like to become a singer.
  아이 우드 라익 투 비컴 어 싱어
  (나는 장래 가수가 되고 싶습니다.)

- I would like to go to Europe.
  아이 우드 라익 투 고 투 유럽
  (유럽에 가고 싶습니다.)

- Would like to ~
  우드 라익 투
  (~이 하고 싶다.)

- I would like to have a watch with good design.
  아이 우드 라익 투 해브 어 워치 위드 굿 디자인
  (디자인이 멋있는 시계를 갖고 싶은데요.)

- I hope you become a good teacher.
  아이 호프 유 비컴 어 굿 티쳐
  (훌륭한 선생님이 되기를 바랍니다.)

● I hope I can speak English well.
아이 호프 아이 캔 스피크 잉글리쉬 웰
(영어를 잘 말하고 싶습니다.)

● Congratulations.
컨그래츄레이션즈
(축하합니다. 축하드립니다.)

13. 위로할 때

- That's too bad.
  댓쯔 투 배드
  (그것 참, 안되었네요.)

- Don't be so disappointed.
  돈 비 쏘 디써포인티드
  (너무 낙심하지 마십시오.)

- Cheer up!
  취얼 업
  (힘을 내십시오.)

- Please cheer up!
  플리즈 취얼 업
  (힘을 내십시오.)

14. 의문문

- who, when, where
  후 휀 훼어
  (누가, 언제, 어디서)

- what, why, how
  홧 화이 하우
  (무엇을, 왜, 어떻게)

- what, which one, who
  홧 휘치 원 후
  (무엇, 누가)

- how much, how old
  하우 머치 하우 올드
  (얼마, 몇 살)

- What is this?
  왓 이즈 디스
  (이것은 무엇입니까?)

- When does the winter vacation end?
  웬 더즈 더 윈터 베이케이션 엔드
  (겨울방학은 언제까지입니까?)

● How is it?
하우 이즈 잇
(이것은 어떻습니까?)

● How much is this watch?
하우 머치 이즈 디스 워치
(이 시계는 얼마입니까?)

● Why don't you go?
와이 돈 츄 고
(가지 그러세요—권유)

● Whose bag is this?
후즈 백 이즈 디스
(이 가방은 누구의 것입니까?)

● Who?
후
(어느 분이십니까?)

● How did this matter happen?
하우 디드 디스 매터 해픈
(어떻게 해서 이런 일이 일어났습니까?)

● How long does it take?
하우 롱 더즈 잇 테이크
(얼마나 걸립니까?)

● How old are you?
하우 올드 아 유
(연세가 어떻게 되십니까?)

- Which do you like better, red or blue?
  위치 두 유 라익 베터 레드 오어 블루우
  (빨강하고 파랑 중, 어느 쪽이 더 좋습니까?)

- What are you looking for?
  왓 아 유 룩킹 포
  (무엇을 찾고 있습니까?)

- Where can I buy spectacles?
  웨어 캔 아이 바이 스펙터클즈
  (안경은 어디에서 살 수 있습니까?)

15. 질문과 대답

● Can you speak English?
캔 유 스피크 잉글리쉬
(영어를 할 수 있습니까?)

● Yes, I can a little.
예스 아이 캔 어 리틀
(네, 조금 할 수 있습니다.)

● No, I can't a bit.
노우 아이 캔트 어 빗
(아니오, 전혀 못합니다.)

● What do you like?
왓 두 유 라익
(무엇을 드시겠습니까?)

● I would like to eat Korean food.
아이 우드 라익 투 이트 코리언 푸드
(한국 요리를 먹고 싶습니다.)

● Are you American?
아 유 어메리컨
(당신은 미국인입니까?)

● Yes, I am.
예스 아이 엠
(네, 그렇습니다.)

● No, I am not. I am Chinese.
노우 아이 엠 낫 아이 엠 차이니즈
(아니오, 그렇지 않습니다. 나는 중국사람입니다.)

● Are you free now?
아 유 프리 나우
(지금 한가하십니까?)

● Yes, I am. Is there something?
예스 아이 엠 이즈 데어 썸씽
(네, 한가합니다. 무언가 일이 있으십니까?)

● No, I am busy.
노 아이 엠 비지
(아니오, 대단히 바쁩니다.)

● Can you swim?
캔 유 스윔
(수영을 할 수 있습니까?)

● Yes, I can.
예스 아이 캔
(예, 할 수 있습니다.)

● No, I can't
노우 아이 캔트
(아니오, 못 합니다.)

- What's your hobby?
  왓쯔 유어 하비
  (당신의 취미는 무엇입니까?)

- Flower arrangement.
  플라워 어래인지먼트
  (꽃꽂이입니다.)

- Thank you very much.
  쌩 큐 베리 머치
  (고맙습니다.)

- You are welcome.
  유 아 웰컴
  (천만에요.)

16. 스포츠

- Do you play any sports?
  두 유 플레이 애니 스포츠
  (뭔가 스포츠를 하고 계십니까?)

- Yes, I play tennis every week.
  예스 아이 플레이 테니스 에브리 위크
  (예, 매주 테니스를 하고 있습니다.)

- Is that so? That's very good.
  이즈 댓 쏘우 댓쯔 베리 굿
  (그렇습니까. 참 좋습니다.)

- What sports do you like?
  왓 스포츠 두 유 라익
  (당신은 어떤 운동을 좋아합니까?)

- Soccer, baseball, swimming, running,
  싸커 베이스볼 스위밍 러닝
  valleyball, pingpong, boxing, I like
  발리볼 핑퐁 복싱 아이 라익
  everything.
  에브리씽
  (축구, 야구, 수영, 육상, 배구, 복싱. 뭐든지 좋아합니

다.)

● So you are all rounded player, aren't you?
쏘우 유 아 올 라운디드 플레이어 안 츄
(그럼 만능선수시군요.)

● No, I like to see better than play.
노우 아이 라익 투 씨 베터 댄 플레이
(아니오, 보는 쪽입니다.)

● How about going to see the baseball game?
하우 어바웃 고잉 투 씨 더 베이스볼 게임
(야구를 보러 가시지 않겠습니까?)

● Very good.
베리 굿
(네, 좋습니다.)

● Which team are you for?
위치 팀 아 유 포
(어느 팀을 응원하시겠습니까?)

● I am for Giant team.
아이 엠 포 자이언트 팀
(나는 자이언트 팀을 응원합니다.)

● I am for Tiger team.
아이 엠 포 타이거 팀
(나는 타이거 팀입니다.)

● Which team do you suppose will win?
위치 팀 두 유 써포우즈 윌 윈
(어느 팀이 이기리라고 생각하십니까?)

● Neck and neck.
넥 앤 넥
(백중지세겠지요.)

● Let's have a cheerful look at the game.
렛쯔 해브 어 취어풀 룩 앳 더 게임
(즐겁게 구경합시다.)

17. 연결하는 말

● and, next
앤드 넥스트
(그리고, 그 다음에는)

● but
벗
(그러나)

● Is that so? To tell the truth.
이즈 댓 쏘 투 텔 더 투르쓰
(그렇습니까? 사실은)

● Is it true? As you said.
이즈 잇 트루 에즈 유 쎄드
(정말입니까? 말씀대로입니다.)

● perhaps
퍼햅쓰
(아마도)

● Of course.
어브 코스
(물론, 물론입니다.)

제 2 장

특정장소에서의 회화

1. 비행기에서

- May I see your boarding pass, please?
  메이 아이 씨 유어 보딩 패스 플리즈
  (탑승권을 보여 주십시오.)

- Here it is.
  히어 잇 이즈
  (예, 여기 있습니다.)

- Where is my seat?
  웨어 이즈 마이 씨트
  (저의 좌석은 어디입니까?)

- Your seat number is B.25. Here this
  유어 씨트 넘버 이즈 비 투웬티파이브 히어 디스
  seat.
  씨트
  (25의 B군요.)

- Thank you. Where can I put this baggage?
  쌩 큐 웨어 캔 아이 풋 디스 배기지
  (고맙소, 이 짐은 어디에 두면 되지요?)

● Put your coat and small baggage on the shelf above, and you can have some large baggage near you.
풋 유어 코우트 앤 스모올 배기지 온 더 셀프 어보브 앤 유 캔 해브 썸 라아지 배기지 니어 유
(코트와 작은 물건은 위의 선반에 올려 놓으십시오. 조금 큰 물건은 발치에 두어도 좋습니다.)

● Where can I wash my hand?
웨어 캔 아이 워시 마이 핸드
(화장실은 어디이지요?)

● Behind the curtain.
비하인드 더 커튼
(저 커튼 뒤입니다.)

● Now, we are taking off. Fasten your seat belt, please.
나우 위 아 테이킹 어프 패슨 유어 씨트 벨트 플리즈
(지금, 이륙하겠사오니 벨트를 매 주십시오.)

● Do you mind my smoking?
두 유 마인드 마이 스모킹
(담배를 피워도 됩니까?)

● Please refrain from smoking until "No smoking" sign is turned off.
플리즈 리프레인 프롬 스모킹 언틸 노 스모킹 싸인 이즈 턴드 어프

(금연 램프가 꺼질 때까지 담배는 삼가해 주십시오.)

- This flight leaves Kimpo Airport for New York.
  디스 플라이트 리브즈 김포 에어포트 포 뉴 욕
  (이 비행기는 김포공항을 출발하여 뉴욕으로 향합니다.)

- How long will it take to New York?
  하우 롱 윌 잇 테이크 투 뉴 욕
  (뉴욕까지 어느 정도 걸립니까?)

- It will take about six hours.
  잇 윌 테이크 어바웃 씩스 아우어즈
  (약 여섯 시간 걸립니다.)

- What would you like to drink?
  왓 우 쥬 라이크 투 드링크
  (무엇을 마시겠습니까?)

- What do you have?
  왓 두 유 해브
  (무엇이 있습니까?)

- Coffee, tea, orange, cola, and so on.
  커피 티 오린지 콜라 앤 쏘 온
  (커피, 홍차, 오렌지쥬스, 콜라 등이 있습니다.)

- Tea, please.
  티 플리즈

(홍차를 주십시오.)

● Please lend me your magazine.
플리즈 렌드 미 유어 메거진
(잡지를 빌려 주십시오.)

● Hellow, this ear-phone is not in order.
헬로우 디스 이어 폰 이즈 낫 인 오더
(=out of order)
(여보세요, 이 이어폰은 들리지 않는데요.)

● I'm sorry. I will change it.
아임 쏘리 아이 윌 채인지 잇
(미안합니다, 바꿔드리겠습니다.)

● I feel a little sick.
아이 필 어 리틀 씨크
(약간 속이 메스껍습니다만)

● Then, take this liquid medicine.
댄 테익 디스 리퀴드 메디썬
(그럼, 이 물약을 드시지요.)

● I would like to buy wine and perfume.
아이 우드 라이크 투 바이 와인 앤 퍼퓸
(술과 향수를 사고 싶습니다만)

● How much is this chocolate?
하우 머취 이즈 디스 쵸콜릿
(이 쵸코렛은 얼마입니까?)

▨ 미국인 승객과의 회화

● Good afternoon. I'm Korean. Are you American?
굿 애프터눈 아임 코리언 아 유 어메리컨
(안녕하세요, 저는 한국인입니다. 댁은 미국분이십니까?)

● Yes, I am. How do you do?
예스 아이 엠 하우 두 유 두
(예, 그렇습니다. 잘 부탁합니다.)

● How do you do? By the way, How far do you go?
하우 두 유 두 바이 더 웨이 하우 파 두 유 고
(저야말로 부탁합니다. 그런데 어디까지 가십니까?)

● As far as New York.
에즈 파 에즈 뉴 욕
(뉴욕까지 갑니다.)

● I go to New York for sight-seeing.
아이 고 투 뉴 욕 포 싸잇 씨잉
(관광차 뉴욕까지 갑니다.)

● You can speak English very well.
유 캔 스피크 잉글리쉬 베리 웰
(영어를 잘 하시는군요.)

- No, I've started to learn nowadays.
  오우 아 브 스타티드 투 런 나우어데이즈
  (천만에요, 지금 배우기 시작했습니다.)

- How long have you learned English?
  하우 롱 해브 유 런드 잉글리쉬
  (언제부터 영어를 배우셨습니까?)

- About five months.
  어바웃 파이브 먼쓰
  (대략 5개월쯤 됩니다.)

- Really? You can speak well.
  리얼리 유 캔 스피크 웰
  (아, 정말입니까? 정말 잘 하시는군요.)

- Thank you. When will we arrive?
  쌩 큐 웬 윌 위 어라이브
  (감사합니다. 그런데 언제쯤 도착할까요?)

- About after thirty minutes, I suppose.
  어바웃 애프터 써티 미닛쯔 아이 써포오즈
  (앞으로 30분 정도라고 생각합니다.)

- Here we arrived, at last.
  히어 위 어라이브드 앳 라스트
  (마침내 도착했군요.)

- Thanks for your help.
  쌩쓰 포 유어 헬프
  (덕분에 즐거웠습니다.)

- Me, too. Please call me up when you
  미 투 플리즈 콜 미 업 웬 유
  come to Washington, D.C.
  컴 투 워싱턴 디 씨
  (저야말로 즐거웠습니다. 워싱턴 D. C.에 오시거든 연락 주십시오.)

- This is my name and address.
  디스 이즈 마이 네임 앤 어드래스
  (여기 주소와 이름이 적혀 있습니다.)

- Thank you. It's my name card.
  쌩 큐 잇쯔 마이 네임 카드
  (고마워요. 저의 명함을 드립니다.)

- Goodbye.
  굿바이
  (안녕히.)

- Please fill out this landing card.
  플리즈 필 아웃 디스 랜딩 카드
  (이 입국신고서에 기입해 주십시오.)

- Please remain in your seat until the
  플리즈 리메인 인 유어 씨트 언틸 디
  aircraft comes to a complete stop.
  에어크래프트 컴즈 투 어 컴프리트 스톱
  (비행기가 완전히 멈출 때까지 자리를 뜨지 마시기를 바랍니다.)

2. 입국, 세관

- May I see your passport?
  메이 아이 씨 유어 패스포트
  (여권을 보여 주십시오.)

- Here it is.
  히어 잇 이즈
  (네, 여기 있습니다.)

- What's the purpose of your visit?
  왓쯔 더 포포즈 어브 유어 비지트
  (여행의 목적은 무엇입니까?)

- Sight-seeing.
  싸이트 씨잉
  (관광입니다.)

- Business.
  비지니스
  (사업차 왔습니다.)

- Study.
  스터디
  (공부하러 왔습니다.)

● How long are you going to stay?
하우 롱 아 유 고잉 투 스테이
(얼마나 체류하십니까?)

● About two weeks.
어바웃 투 윅스
(약 2주일 간입니다.)

● Do you have a returning ticket?
두 유 해브 어 리터닝 티켓
(돌아가는 항공권은 갖고 있습니까?)

● Yes, I have.
예스 아이 해브
(네, 가지고 있습니다.)

● Have you anything to declare?
헤브 유 애니씽 투 디클래어
(뭔가 신고할 것은 없습니까?)

● No, I have not.
노우 아이 해브 낫
(아니오, 없습니다.)

● What are these?
왓 아 디즈
(이것들은 무엇입니까?)

● All is daily goods.
올 이즈 데일리 굿즈
(전부 일상용품입니다.)

- I use this camera.
  아이 유즈 디스 캐머러
  (이 카메라는 제가 사용하고 있습니다.)

- This presents are for my friend.
  디스 프레즌쯔 아 포 마이 프랜드
  (이것은 친구에게 줄 선물입니다.)

- Which way is the baggage-claim area?
  휘치 웨이 이즈 더 배기지 클레임 에어리어
  (수화물은 어디에서 찾습니까?)

- Over there.
  오버 데어
  (저쪽입니다.)

- I can't find my baggage.
  아이 캔트 파인드 마이 배기지
  (내 짐이 보이지 않습니다.)

- There is one short of my baggage.
  데어 이즈 원 쇼트 어브 마이 배기지
  (내 짐이 하나 모자랍니다.)

- Do you have the baggage table?
  두 유 해브 더 배기지 테이블
  (수화물 표를 가지고 있습니까?)

- Yes, I have.
  예스 아이 해브
  (네, 가지고 있습니다.)

● How large is that?
하우 라지 이즈 댓
(크기는 어느 정도 입니까?)

● What color is that?
왓 칼러 이즈 댓
(무슨 색입니까?)

● That is gray.
댓 이즈 그레이
(회색입니다.)

● Would you please carry this baggage for me?
우 쥬 플리즈 캐리 디스 배기지 포 미
(짐을 운반해 주시겠습니까?)

▨ 공항에서 시내로

● Where is the information desk?
웨어 이즈 디 인포메이션 데스크
(안내소는 어디입니까?)

● May I ask your business?
메이 아이 애스크 유어 비지니스
(무슨 용무이십니까?)

● How long will it take to L. A Station?
하우 롱 윌 잇 테익 투 엘 에이 스테이션
(LA역까지 얼마나 걸립니까?)

- It will take at least one and half hour to L. A Station.
  잇 윌 테익 앳 리스트 원 앤 하프 아우어 투 엘 에이 스테이션
  (여기서 LA역까지는 적어도 한 시간 반 걸립니다.)

- How do I get to the station?
  하우 두 아이 겟 투 더 스테이션
  (어떻게 가면 좋습니까?)

- Above all, it is convenient for you to take limousine to there.
  어보브 올 잇 이즈 컨비니언트 포 유 투 테익 리무진 투 데어
  (무엇보다도, 리무진 버스를 타면 편리합니다.)

- Where can I buy a ticket?
  웨어 캔 아이 바이 어 티켓
  (표는 어디서 살 수 있습니까?)

- The booking office is over there.
  더 북킹 어피스 이즈 어버 데어
  (저쪽에 매표소가 있습니다.)

- Thank you very much.
  쌩 큐 베리 머치
  (고맙습니다.)

- You are welcome.
  유 아 웰컴
  (천만에요.)

▨ 버스 터미널에서

● Where is the Washington Hotel?
웨어 이즈 더 워싱턴 호텔
(워싱턴 호텔은 어디 있습니까?)

● Is that so? If it is your first visit here
이즈 댓 소 이프 잇 이즈 유어 퍼스트 비지트 히어
you had better take a taxi.
유 해드 베터 테익 어 택시
(그렇습니까? 처음 길이시라면 택시를 타는 쪽이 좋겠네요.)

▨ 택시 정류장에서

● Where to?
웨어 투
(어디까지 가십니까?)

● Take me to the Washington Hotel.
테익 미 투 더 워싱턴 호텔
(워싱턴 호텔까지 가 주십시오.)

● Take me to this address.
테익 미 투 디스 어드래스
(이 주소로 가 주십시오.)

● O.K. Yes, sir.
오우 케이 예스 써

(네, 알아 모시겠습니다.)

● Here we are.
히어 위 아
(도착했습니다.)

3. 호 텔

해외 여행을 하실 때에는 여행사를 통해서든지 공항에서 안내를 받든지 해서 반드시 호텔 예약을 해 두어야 합니다.

일반 관광이나 업무용 출장을 위해 미국에 가는 사람들은 보통 비지니스 호텔을 이용하는 편이 무난합니다.

▨ 체크 인

● May I help you?
메이 아이 헬프 유
(무엇을 도와 드릴까요?)

● My name is Lee Su Man from Korea. I
마이 네임 이즈 리 수 만 프롬 코리어 아이
had a reservation.
해드 어 레저베이션
(예약을 한, 한국에서 온 이수만입니다.)

● Yes, you are reserved.
예스 유 어 리저브드

(네, 예약이 되어 있습니다.)

- For how many nights, sir?
  포 하우 메니 나잇쯔 써
  (얼마나 묵으십니까?)

- About three nights.
  어바웃 쓰리 나잇쯔
  (3일간 묵을 예정입니다.)

- Please fill out this register.
  플리즈 필 아웃 디스 레지스터
  (이 숙박카드에 기입해 주시기 바랍니다.)

- How do I fill this part?
  하우 두 아이 필 디스 파트
  (여기에 어떻게 쓰면 됩니까?)

- Leave as it is.
  리브 에즈 잇 이즈
  (거기는 괜찮습니다.)

- I would like to know how much do you
  아이 우드 라익 투 노 하우 머치 두 유
  charge?
  차아지
  (요금을 확인하고 싶습니다)

- About one hundred dollars a day.
  어바웃 원 헌드레드 달러즈 어 데이
  (하루 100달러입니다.)

● Does that include a meal?
더즈 댓 인클루드 어 밀
(식사가 포함됩니까?)

● No, it doesn't.
노우 잇 다즌트
(아닙니다. 식사는 포함되지 않습니다.)

● I want a quiet room.
아이 원트 어 콰이어트 룸
(조용한 방을 원합니다.)

● Yes, sir. We have a quiet room and it commands a fine view.
예스 써 위 해브 어 콰이어트 룸 앤 잇 커멘즈 어 파인 뷰
(물론입니다. 조용하고 전망이 좋은 방이 있습니다.)

● Please sign here.
플리즈 싸인 히어
(여기에 싸인을 해 주십시오.)

● It is a room 902 on the ninth floor.
잇 이즈 어 룸 나인 오 투 온 더 나인쓰 플로어
(방은 9층에 있는 902호실입니다.)

● Please follow me.
플리즈 팔로우 미
(방까지 안내해 드리겠습니다.)

● Here is the Key.
히어 이즈 더 키
(열쇠는 여기 있습니다.)

▨ 프론트에서의 또 다른 예

● My name is Mr. Kim. I have a reservation.
마이 네임 이즈 미스터 김 아이 해브 어 레저베이션
(예약했던 김입니다.)

● Please wait a minute.
플리즈 웨잇 어 미닛
(그렇습니까? 잠시 기다려 주십시오.)

● Oh, I am sorry, but I'm afraid you are
오우 아이 엠 쏘리 벗 아임 어프레드 유 아
not reserved.
낫 리저브드
(이런, 죄송합니다만 예약이 되어 있지 않는 것 같습니다.)

● No, I made a certain reservation through
노우 아이 메이드 어 써튼 레저베이션 쓰루우
a travel agency. Please check it for me.
어 트래블 에이전시 플리즈 체크 잇 포 미
(저런, 여행사를 통해 틀림없이 예약을 했습니다. 잘 조사해 보십시오.)

● Oh, here it is, I am sorry.
오우 히어 잇 이즈 아이 엠 쏘리
(아, 여기 있습니다. 대단히 죄송합니다.)

▨ 방에서

● Hello, room service?
헬로우 룸 써비스
= Is this room service?
이즈 디스 룸 써비스
(여보세요, 룸 써비스입니까?)

● Yes, sir. This is room service.
예스 써 디스 이즈 룸 써비스
(예, 룸 써비스입니다.)

● Can you give me breakfast tomorrow morning?
캔 유 기브 미 브랙퍼스트 투마로 모닝
(내일 아침 식사를 부탁하고 싶습니다.)

● What do you want?
왓 두 유 원트
(무엇을 드시겠습니까?)

● Beef-steak for two, please.
비프 스테이크 포 투 플리즈
(비프 스테이크 2인분 부탁합니다.)

● Hello, can you give me a morning call?
헬로우 캔 유 기브 미 어 모닝 콜

(여보세요, 모닝콜을 부탁합니다.)

● Surely. What time?
슈얼리 왓 타임
(몇시입니까?)

● At six thirty, please.
앳 씩스 써티 플리즈
(내일 아침 여섯시 반에 부탁합니다.)

● Can you give me your name and room number?
캔 유 기브 미 유어 네임 앤 룸 넘버
(성함과 방 번호를 말씀해 주십시오.)

● I'm sorry. I left the key in the room, and locked the door.
아임 쏘리 아이 레프트 더 키 인 더 룸 앤 락크트 더 도어
(죄송합니다만, 열쇠를 방에 두고 잠궜습니다.)

● Can you recommend a good near restaurant?
캔 유 리커맨드 어 굿 니어 레스트런트
(가까운 곳에 있는 갈 만한 레스토랑을 소개해 주십시오.)

● Would you please send this letter by airmail?
우 쥬 플리즈 센드 디스 레터 바이 에어메일
(이 편지를 항공편으로 보내 주세요.)

● I would like to start one day ahead.
아이 우드 라익 투 스타트 원 데이 어헤드
(하루 일찍 떠나고 싶습니다.)

● I would like to stay one day longer.
아이 우드 라익 투 스테이 원 데이 롱거
(하루 더 묵고 싶습니다.)

● Where is laundry?
웨어 이즈 런드리
(세탁소는 어디에 있습니까?)

● I want to have it pressed.
아이 원 투 해브 잇 프레스트
(다림질을 해 주세요.)

● When will it be ready?
웬 윌 잇 비 레디
(언제 됩니까?)

▨ 미장원, 이발소 등을 이용할 때

● I would like an appointment at 5 tonight.
아이 우드 라익 언 어포인트먼트 앳 파이브 투나잇
(저녁 다섯시에 예약하고 싶습니다.)

● Yes, sir. Please come again at that time.
예스 써 플리즈 컴 어겐 앳 댓 타임
(네, 됩니다. 그 시간에 오십시오.)

● Please cut my hair short.
플리즈 컷 마이 헤어 쇼트
(조금 짧게 잘라 주세요.)

● Please have my hair permed.
플리즈 해브 마이 헤어 펌드
(가볍게 파마해 주세요.)

● I want a fashionable hair style.
어이 원트 어 패셔너블 헤어 스타일
(요즘 유행하는 스타일로 해 주세요.)

● I'll wash your hair. Please come this way.
이 일 워시 유어 헤어 플리즈 컴 디스 웨이
(머리를 감아드릴테니 이쪽으로 오십시오.)

● Scrub my hair hard, please.
스크럽 마이 헤어 하드 플리즈
(북북 문질러 주십시오.)

● Which way do you part your hair?
위치 웨이 두 유 파트 유어 헤어
(머리를 어느쪽으로 가르십니까?)

● To the left, please.
투 더 레프트 플리즈
(왼쪽으로 갈라주세요.)

▨ 체크 아웃

● I'd like to check out now.
아드 라익 투 체크 아웃 나우
(지금 체크 아웃을 하고 싶습니다.)

● How much is the charge?
하우 머치 이즈 더 차아지
(계산은 얼마지요?)

● Can I get your name and room number?
캔 아이 겟 유어 네임 앤 룸 넘버
(이름과 방 호실을 알려 주세요.)

● My name is Lee Su Man, room 902.
마이 네임 이즈 이 수 만 룸 나인 오 투
(902호실의 이수만입니다.)

● Thank you. Wait a minute.
쌩 큐 웨잇 어 미니트
(잠깐 기다려 주십시오.)

● One hundred fifty dollars.
원 헌드레드 피프티 달러즈
(150달러입니다.)

● Do you accept traveler's check?
두 유 억셉트 트레블러즈 체크
(여행자수표를 받습니까?)

● Can I pay American Express?
캔 아이 페이 어메리칸 익스프레스
(아메리칸 익스프레스 카드도 괜찮습니까?)

● Yes, of course.
예스 어브 코스
(네, 물론입니다.)

● I was satisfied with this hotel.
아이 워즈 세티스파이드 위드 디스 호텔
(이 호텔이 마음에 들었습니다.)

● Thank you so much.
쌩 큐 소 머치
(대단히 감사합니다.)

● See you again.
씨 유 어겐
(또 오시기 바랍니다.)

4. 통 신

편지를 할 때는 호텔 객실에 있는 편지지와 봉투를 사용하면 좋습니다. 전화를 걸 때는 요금을 수신인이 지불하는 콜렉트 · 콜, 부재중이면 요금을 내지 않는 지명통화 등이 있으니 적절히 이용하시면 됩니다.

▨ 우 편

● Is there any postbox around here?
이즈 데어 애니 포스트박스 어라운드 히어
(이 근처에 우체통이 있습니까?)

● Can I buy some stamps here?
캔 아이 바이 썸 스템스 히어
(여기서 우표 살 수 있습니까?)

● Where is the post office?
웨어 이즈 더 포스트 어피스
(우체국은 어디입니까?)

● Opposite side of the supermarket.
아퍼짓 싸이드 어브 더 슈퍼마켓

(슈퍼마켓 맞은편 쪽입니다.)

- Thank you.
  쌩 큐
  (고맙습니다.)

- I want to have five twenty nine cent stamps.
  아이 원트 투 헤브 파이브 투웬티 나인 센트 스템쓰
  (29센트 우표 다섯 장 주십시오.)

- Would you please send this letter by airmail?
  우 쥬 플리즈 센드 디스 레터 바이 에어메일
  (이 편지 항공편으로 부쳐 주세요.)

- Do you have any commemorative stamps?
  두 유 해브 애니 커메모러티브 스템쓰
  (기념우표 있습니까?)

- Do you have a postal card?
  두 유 해브 어 포스탈 카드
  (우편엽서 있습니까?)

- Aerogram.
  에로그램
  (항공 서한)

- Yes, it is.
  예스 잇 이즈
  (예, 있습니다.)

● Give me five, please.
기브 미 파이브 플리즈
(다섯 장 주세요.)

● Yes, sir. Thirty cents.
예스 써 써티 센쯔
(네, 30센트입니다.)

● How much will it cost to send this letter?
하우 머치 윌 잇 코스트 투 센드 디스 레터
(이 편지의 우표는 얼마입니까?)

● I'll weigh.
아윌 웨이
(잠깐만요.)

● It weighs thirteen grams. Minimum cost is for ten grams, and it will cost two dollars fifty cents.
잇 웨이즈 써틴 그램즈 미니멈 코스트 이즈 포 텐 그램즈 앤드 잇 윌 코스트 투 달러스 피프티 센쯔
(30g입니다. 기본이 10g이므로 2달러 50센트입니다.)

● How long will it take to America?
하우 롱 윌 잇 테이크 투 어메리카
(미국까지 얼마 걸립니까?)

● About one week. It will take about three
어바웃 원 위크 잇 윌 테이크 어바웃 쓰리

days by express delivery.
데이즈 바이 익스프레스 딜리버리
(약 1주일 걸립니다. 속달이면 3일입니다.)

- I'd like to send this package to India.
아드 라익 투 센드 디스 패키지 투 인디아
(이 소포를 인도에 보내고 싶은데요.)

- What is in?
왓 이즈 인
(무엇이 들어 있습니까?)

- Toys and medicine.
토이즈 앤 메디슨
(장난감과 약입니다.)

- Please write the price of them.
플리즈 라잇 더 프라이스 어브 뎀
(내용물의 가격을 써 주세요.)

▨ 전 보

- Can I send a telegram?
캔 아이 센드 어 텔리그램
(전보 칠 수 있습니까?)

- Yes, you can.
예스 유 캔
(네, 칠 수 있습니다.)

- I'd like to dispatch a telegram.
  아드 라익 투 디스팻치 어 텔리그램
  (전보를 치고 싶습니다만.)

- Please write the message on this paper.
  플리스 라잇 더 메시지 온 디스 페이퍼
  (이 용지에 내용을 써 주세요.)

- Is this address included in the number of letters?
  이즈 디스 어드레스 인쿠루디드 인 더 넘버 어브 레터스
  (주소도 글자수에 포함됩니까.)

- Yes, it is. If you use the cable-address, it is cheaper.
  예스 잇 이즈 이프 유 유즈 더 케이블 어드레스 잇 이즈 취퍼
  (네, 케이블 어드레스를 이용하면 좀더 싸게 할 수 있습니다.)

- Will that be all?
  윌 댓 비 올
  (이것으로 됐습니까?)

- Yes, it is.
  예스 잇 이즈
  (네, 됐습니다.)

- The charge is one dollar a letter. Twenty
  더 차아지 이즈 원 달러 어 레터 투웬티

dollars.
달러즈
(한 단어에 1달러, 전부 20달러입니다.)

- When will it be delivered?
  웬 윌 잇 비 딜리버드
  (언제 도착합니까?)

- By ten tonight.
  바이 텐 투나잇
  (오늘밤 10시입니다.)

▨ 전 화

- May I use your phone?
  메이 아이 유스 유어 폰
  (미안합니다만 전화를 써도 됩니까?)

- Yes, of course.
  예스 어브 코스
  (좋습니다.)

- Where is pay phone?
  웨어 이즈 페이 폰
  (공중전화는 어디 있습니까?)

- Over there.
  오버 데어
  (저쪽에 있습니다.)

- Hello, is this G.M company?
  헬로우 이즈 디스 지 엠 컴퍼니
  (여보세요, G.M 회사입니까?)

- Yes, speaking.
  예스 스피킹
  (예, 그렇습니다.)

- May I speak to John in the business department?
  메이 아이 스피크 투 존 인 더 비지니스 디파트먼트
  (영업부의 Mr.존을 부탁드립니다.)

- Hold the line, please.
  홀드 더 라인 플리스
  (잠시 기다려 주십시오.)

- Sorry for having waited you, this is John.
  쏘리 포 해빙 웨이티드 유 디스 이즈 존
  (기다리셨습니다. 존입니다.)

▨ 또 다른 예

- Hello, is this Jame's house?
  헬로우 이즈 디스 제임즈 하우스
  (여보세요, 제임스 댁입니까?)

- Yes, speaking. Who's calling, please?
  예스 스피킹 후즈 콜링 플리즈

(네, 그렇습니다. 누구십니까?)

● This is Mr. Jung.
디스 이즈 미스터 정
(저는 정입니다.)

● Who do you want?
후 두 유 원트
(누구를 찾으십니까?)

● Is Jame in?
이즈 제임 인
(제임 씨 계십니까?)

● Unfortunately he is not in.
언포처니틀리 히 이즈 낫 인
(공교롭게 지금 없는데요.)

● When will he be back?
웬 윌 히 비 백
(언제쯤 돌아옵니까?)

● By four.
바이 포
(네시쯤 옵니다.)

● Would you please give the message that
우 쥬 플리즈 기브 더 메시지 댓
Mr. Jung from Korea called.
미스터 정 프롬 코리아 콜드
(한국에서 온 정으로부터 전화가 왔다고 전해 주십시오.)

▨ 잘못 걸렸을 때

● Hello, is this 412-1232?
헬로우 이즈 디스 포 원 투 원 투 쓰리 투
(여보세요, 412-1232입니까?)

● No. You have the wrong number.
노 유 해브 더 롱 넘버
(아니오, 틀렸습니다.)

● I'm sorry.
아임 쏘리
(실례했습니다.)

▨ 국제전화

● Can I place an overseas call with this phone?
캔 아이 플레이스 언 오버씨즈 콜 위드 디스 폰
(이 전화로 국제전화를 할 수 있습니까?)

● No. You can use with that yellow phone
노 유 캔 유즈 위드 댓 옐로우 폰
beside it.
비사이드 잇
(아니요, 그 옆에 있는 노랑색 전화기입니다.)

● What's the number of the operating room?
왓쓰 더 넘버 어브 더 어퍼레이팅 룸
(교환은 몇번에 걸면 됩니까?)

- This is the overseas Operator.
  디스 이즈 더 오버씨즈 어퍼레이터
  (여기는 국제전화 교환수입니다.)

- I'd like make a collect call to Korea.
  아드 라익 메이크 어 콜렉트 콜 투 코리아
  (한국에 콜렉트 콜 요금(상대방 부담)으로 부탁합니다.)

- Person-to-person call, please.
  퍼슨 투 퍼슨 콜 플리즈
  (지명 통화로 해 주세요.)

- What is the party's telephone number?
  왓 이즈 더 파티즈 텔리폰 넘버
  (상대방의 전화번호를 말씀해 주세요.)

- What is the party's name?
  왓 이즈 더 파티즈 네임
  (상대방의 이름을 말씀해 주세요.)

- Hold the line, please.
  홀드 더 라인 플리즈
  (그대로 끊지 말고 기다려 주세요.)

- Hang up, and wait a minute, please.
  행 업 앤 웨잇 어 미니트 플리즈
  (일단 끊고 기다려 주십시오.)

- An urgent call, please.
  언 어전트 콜 플리즈
  (지급으로 불러 주세요.)

- The line is busy now.
  더 라인 이즈 비지 나우
  (통화중입니다.)

- I keep ringing and ringing to Seoul and
  아이 킵 링잉 앤 링잉 투 서울 앤
  nobody answers.
  노바디 앤써즈
  (서울을 부르고 있으나 전화를 받지 않습니다.)

- You are connected. Go ahead.
  유 아 커넥티드 고 어헤드
  (연결되었습니다. 말씀하십시오.)

5. 교통, 탈 것

▨ 택 시

● I'd like to take a taxi.
아드 라익 투 테이크 어 택시
(택시를 타고 싶습니다만.)

● Where is the taxi station?
웨어 이즈 더 택시 스테이션
(택시 승차장은 어디입니까?)

● In front of the post office over there.
인 프론트 어브 더 포스트 어피스 오버 데어
(저쪽 우체국 앞에 있습니다.)

● May I call you a taxi?
메이 아이 콜 유 어 택시
(택시를 불러 드릴까요?)

● Call me a taxi, please.
콜 미 어 택시 플리즈
(택시를 불러 주세요.)

- Please get on.
  플리즈 겟 온
  (타시지요.)

- Why don't you get on?
  와이 돈 츄 갯 온
  (타시겠습니까?)

- Excuse me, but can you help me with my baggage?
  익스큐즈 미 벗 캔 유 헬프 미 위드 마이 배기쥐
  (미안하지만 이 짐을 실어 주시겠습니까?)

- With pleasure.
  위드 플레져
  (네, 좋습니다.)

- Where to?
  웨어 투
  (어디까지 가십니까?)

- Take me to Ohio, please.
  테익 미 투 오하이오 플리즈
  (오하이오까지 가 주세요.)

- Take me to Nevada, please.
  테익 미 투 네바더 플리즈
  (네바다까지 가 주세요.)

● This is one way traffic.
디스 이즈 원 웨이 트레픽
(여기는 일방통행입니다.)

● Go straight ahead, please.
고 스트레이트 어헤드 플리즈
(곧장 가 주세요.)

● Hurry up a bit, please.
허리 엎 어 빗 플리즈
(조금 서둘러 주세요.)

● Turn to the right at the next block.
턴 투 더 라잇 앳 더 넥스트 블락
(다음 모퉁이에서 오른쪽으로 돌아주세요.)

● Please stop here.
플리즈 스탑 히어
(여기서 세워 주세요.)

● Please stop in front of the signal lights.
플리즈 스탑 인 프론트 어브 더 씨그날 라잇쯔
(신호등 앞에서 멈춰 주세요.)

● How much do I owe you?
하우 머치 두 아이 오 유
(얼마입니까?)

● Pay the meter, please.
페이 더 미터 플리즈
(요금은 메타에 나온 대로입니다.)

● Three hundred dollars.
쓰리 헌드리드 달러즈
(300달러입니다.)

▨ 지하철, 버스

● Where is the nearest subway station from here?
웨어 이즈 더 니어리스트 써브웨이 스테이션 프롬 히어
(여기에서 가장 가까운 지하철 역은 어디입니까?)

● Where can I get a ticket?
웨어 캔 아이 겟 어 티켓
(표는 어디서 살 수 있습니까?)

● You can get at the vending machine over there.
유 캔 갯 앳 더 밴딩 머쉬인 오버 데어
(저쪽 자동판매기에서 살 수 있어요.)

● Thank you.
쌩 큐
(감사합니다.)

● The train is passing by. Wait inside the yellow line because it is dangerous.
더 트레인 이즈 패씽 바이 웨이트 인사이드 더 옐로우 라인 비코우즈 잇 이즈 데인져러스

(열차가 통과합니다. 위험하므로 노란 선 안쪽에서 기다려 주십시오.)

- Please take care not to forget your staffs.
  플리즈 테익 케어 낫 투 포겟 유어 스터프스
  (잊으신 물건이 없도록 주의 바랍니다.)

- Where is L.A station of Am Trek?
  웨어 이즈 엘 에이 스테이션 어브 엠 트랙
  (엠트랙 선의 L.A역은 어디입니까?)

- Where can I get a bus for New York?
  웨어 캔 아이 겟 어 버스 포 뉴 욕
  (뉴욕행 버스는 어디서 탈 수 있습니까?)

- How much is the fare of adult.
  하우 머치 이즈 더 패어 어브 애덜트
  (어른의 버스 요금은 얼마입니까?)

- Two dollars, but it depends on distance.
  투 달러즈 벗 잇 디팬즈 온 디스턴스
  (2달러입니다만 거리에 따라 다릅니다.)

- Should I pay the fare after getting on a bus?
  슈드 아이 페이 더 페어 애프터 게팅 온 어 버스
  (버스에 탄 다음 요금을 냅니까?)

▨ 기 차

● It is convenient to make a long distance
잇 이즈 컨비니언트 투 테익 어 롱 디스턴스
trip by train, isn't it?
트립 바이 트레인 이즌 잇
(장거리 여행은 역시 기차쪽이 편리하겠지요?)

● Can I have an AmTrak to L.A?
캔 아이 해브 언 앰 트랙 투 엘 에이
(앰트랙 선 L.A 행은 있습니까?)

● Can I get to L.A by the AmTrak?
캔 아이 겟 투 엘 에이 바이 더 앰 트랙
(엘 에이까지 앰트랙 선으로 갈 수 있습니까?)

● At first you've got to L.A by an AmTrak,
엣 퍼스트 유브 갓 투 엘 에이 바이 언 앰 트랙
then transfer the westcoast express, and
덴 트랜스퍼 더 웨스트코스트 익스프레스 앤
you can get to seattle.
유 캔 겟 투 씨애틀
(앰트랙 선으로 가서 시애틀에서 웨스트 코스트 특급열차를 갈아타면 L.A에 도착합니다.)

● Can you explain in detail?
캔 유 익스플레인 인 디테일
(좀더 상세히 설명해 주시겠습니까?)

● Got it, At first you've got to get a bus to
갓 잇 앳 퍼스트 유브 갓 투 겟 어 버스 투

Longbeach, and get an AmTrak to L.A.
롱비치 앤 겟 언 앰 트랙 투 엘 에이
About five hours' trip later, you can get
어바웃 파이브 아우어즈 트립 레이터 유 캔 겟
L.A station, and transfer the westcoast
엘 에이 스테이션 앤 트랜스퍼 더 웨스트코스트
express to seattle and you can get there
익스프레스 투 씨애틀 앤 유 캔 겟 데어
after and hour's trip. So where is your
애프터 언 아우어즈 트립 쏘 웨어 이즈 유어
last destination in seattle?
래스트 데스티네이션 인 씨애틀
(알겠습니다. 처음에 롱비치까지 버스를 타고 약 다섯 시간 가량 L.A까지 앰트랙선으로 가서 L.A역에서 씨애틀까지 가는 웨스트코스트로 갈아타시면 한 시간 후에 거기에 도착할 수 있습니다. 씨애틀에서의 최종 목적지가 어디입니까?)

● Belle view.
벨 뷰
(벨뷰입니다.)

● I see. The richest person in seattle live there.
아이 씨 더 리치스트 퍼슨 인 씨애틀 리브 데어
(알겠습니다. 씨애틀에는 최고의 부자가 살고 있습니다.)

● That's right. Where can I get a ticket?
댓쯔 라잇 웨어 캔 아이 겟 어 티켓
(표는 어디서 살 수 있습니까?)

● At an travel agency.
엣 언 트레블 에이젼시
(여행사에서 살 수 있습니다.)

● What do you mean by that?
왓 두 유 민 바이 댓
(그것이 무슨 뜻입니까?)

● It's for a long trip traveler.
잇쯔 포 어 롱 트립 트레블러
(장거리 여행을 위한 매표소입니다.)

● Thank you so much.
쌩 큐 쏘 머치
(고맙습니다.)

● You are welcome.
유 아 웰컴
(천만에요.)

▨ 여행사에서

● Can I get three AmTrak tickets to seattle?
캔 아이 겟 쓰리 앰 트랙 티킷쯔 투 씨에틀
(씨애틀까지 앰트랙 선 세 장 주세요.)

● To L.A by an AmTrak, to seattle by
투 엘 에이 바이 언 앰 트랙 투 씨애틀 바이
the westcoast express, is it O.K?
더 웨스트코스트 익스프레스 이즈 잇 오 케이

(LA까지는 앰트랙을 이용하시고 씨애틀까지는 웨스트코스트 열차편을 이용하시는 겁니다. 그렇죠?)

● I got it.
아이 갓 잇
(네, 알고 있습니다.)

● When do you want to go? You can get an AmTrak every an hour from Las Vegas.
웬 두 유 원 투 고 유 캔 겟 언 앰 트랙 에브리 언 아우어 프롬 라스 베이거스
(몇월 몇일 것을 원하십니까? 라스베가스에서 매 한 시간마다 앰트랙을 타실 수 있습니다.)

● Eleven o' clock a.m this twentieth.
일레븐 어클락 에이 엠 디스 투웬티쓰
20일 오전 11시발로 주세요.)

● Which do you want, a reserved seat or a free seat?
윗치 두 유 원트 어 리저브드 씨트 오어 어 프리 씨트
(지정석과 자유석, 어느 쪽으로 하실까요?)

● What' s the difference?
왓쓰 더 디퍼런스
(어떻게 다릅니까?)

● A reserved seat is 5 dollars higher and
어 리저브드 씨트 이즈 파이브 달러즈 하이어 앤

available anytime before departure. A free
어벨러블 에니타임 비포 디파춰 어 프리
seat is in the order of arrival.
씨트 이즈 인 디 오더 오브 어라이벌
(지정석은 5달러 더 비싸며, 좌석이 지정되어 있어 출발전에는 언제든지 지정된 자리에 앉을 수 있습니다. 자유석은 선착순입니다.)

● I think that a reserved seat is more
아이 씽크 댓 어 리저브드 씨트 이즈 모아
convenient and safe in your first trip.
컨비니언트 앤 쎄이프 인 유어 퍼스트 트립
(초행길이라면, 지정석이 안심이고 편리하리라 생각합니다.)

● Then, a reserved seat, please.
덴 어 리저브드 씨트 플리즈
(그럼, 지정석으로 주세요.)

● One way or a round trip ticket?
원 웨이 오아 어 라운드 트립 티켓
(편도입니까, 왕복입니까?)

● A round trip ticket, please.
어 라운드 트립 티켓 플리즈
(왕복표로 주십시오.)

● When will you come back?
웬 윌 유 컴 백
(언제 돌아오십니까?)

● Let me see. I need some time to see the
렛 미 씨 아이 니드 썸 타임 투 씨 더
Belle view. It'll be eleven o'clock this
벨 뷰 잇윌 비 일레븐 어클락 디스
twenty-second.
투웬티 쎄컨드
(글쎄요, 벨뷰를 구경할 시간이 필요합니다. 22일 11시가 좋겠습니다.)

● I got it. You want to go at twentieth 11
아이 갓 잇 유 원 투 고 앳 투웬티쓰 일레븐
o'clock from L.A and come back twenty-
어클락 프롬 엘 에이 앤 컴 백 투웬티
second 11 o'clock from seattle. Is it right?
쎄컨드 일레븐 어클락 프롬 씨애틀 이즈 잇 라잇
You've got to make haste at L.A station
유브 갓 투 메이크 헤이스트 앳 엘 에이 스테이션
because you have just two minutes to
비코즈 유 해브 저스트 투 미니쯔 투
transfer.
트랜스퍼
(알겠습니다. LA에서 20일 11시에 출발하여 씨애틀에서 22일 11시 20분에 돌아오는 것이죠? 갈아타는 데 2분이 소요 되기 때문에 LA 정거장에서 서둘러야합니다.)

● Thank you. How is the charge?
쌩 큐 하우 이즈 더 촤아지
(고맙습니다. 얼마입니까?)

● One hundred eighty dollars for a person.
원 헌드레드 에이티 달러즈 포 어 퍼슨
(180달러입니다.)

▨ 열차 안에서

● This is a train for New York, isn't it?
디스 이즈 어 트레인 포 뉴 욕 이즌 잇
(이 열차는 틀림없이 뉴욕 행이지요?)

● Yes, it is. Take it easy.
예스 잇 이즈 테익 잇 이지
(그렇습니다. 안심하십시오.)

● Can I buy a lunch?
캔 아이 바이 어 런치
(도시락을 살 수 있습니까?)

● Yes, you can. You can buy many others
예스 유 캔 유 캔 바이 메니 아더즈
at the back stall of this train.
앳 더 백 스털 어브 디스 트레인
(네, 살 수 있습니다. 이 차량의 뒤쪽에 매점도 있으므로 여러 가지 살 수 있어요.)

● Thank you. I want to have a double
쌩 큐 아이 원 투 해브 어 더블
cheese whopper and a medium coke.
치즈 후퍼 앤 어 미디엄 코크
(감사합니다. 더블 치즈 후퍼와 미디엄 코크를 사겠습니다.)

● May I see your ticket?
메이 아이 씨 유어 티켓

(승차권을 보겠습니다.)

- Here it is.
  히어 잇 이즈
  (네, 여기 있습니다.)

- Have a good trip.
  해브 어 굿 트립
  (좋은 여행이 되시기를 바랍니다.)

▨ 렌터카

- Where can I rent a car?
  웨어 캔 아이 렌트 어 카
  (렌터카는 어디에서 빌릴 수 있습니까?)

- I'd like to rent a car.
  아드 라익 투 렌트 어 카
  (차를 빌리고 싶습니다.)

- I want to rent a car which is economic
  아이 원 투 렌트 어 카 윗치 이즈 이커나믹
  and easy to drive.
  앤드 이지 투 드라이브
  (경제적이고 운전하기 쉬운 차를 빌리고 싶습니다.)

- For how many days?
  포 하우 메니 데이즈
  (며칠 동안 빌리시겠습니까?)

● Two days.
투 데이즈
(이틀간 빌리고 싶습니다.)

● What's the purpose?
왓쓰 더 퍼포즈
(무엇에 사용하실 것입니까?)

● Sight seeing.
싸이트 씨잉
(관광하는 데 쓰겠습니다.)

● Would you please fill this application form?
우 쥬 플리스 필 디스 애플리케이션 폼
(이 신청서에 기입해 주십시오.)

● Please call this company when there happens an accident.
플리즈 콜 디스 컴퍼니 웬 데어 헤픈즈 언 엑씨던트
(만일 사고가 났을 경우에는 이 회사로 연락해 주세요.)

● How much is the charge?
하우 머치 이즈 더 차아지
(요금은 어떻게 됩니까?)

● Charge forward.
차아지 포워드
(선불입니다.)

▨ 배

● When does this ship leave?
웬 더즈 디스 쉽 리브
(이 배는 언제 출발합니까?

● What time is the boarding hour?
왓 타임 이즈 더 보딩 아우어
(승선 시간은 몇시입니까?)

● Which is the port for New York?
휘치 이즈 더 포트 포 뉴 욕
(뉴욕행 배는 어느 부두입니까?)

● When at anchor, I want to see the city.
웬 앳 앵커 아이 원 투 씨 더 씨티
(정박중에 시내를 구경하고 싶습니다.)

6. 관광, 오락

즐거운 관광을 위해서는 먼저 지도가 곁들여진 관광 안내 책자를 구해서 사전 지식을 얻고 계획을 세우는 것이 좋습니다. 외국인 관광객을 위해서 언어를 배려한 관광 안내 책자도 많이 나와 있으므로 어려움은 없습니다. 관광 버스와 가이드, 책자 등의 도움을 받으면 힘들이지 않고 관광을 즐기실 수 있습니다.

● Book a sightseeing bus for me, please.
북 어 싸잇씨잉 버스 포 미 플리즈
(관광버스를 예약해 주십시오.)

● Recommend a guide, please.
리커멘드 어 가이드 플리즈
(안내원을 한 사람 소개해 주십시오.)

● Do you have a map for sightseeing?
두 유 해브 어 맵 포 싸잇씨잉
(관광지도가 있습니까?)

● Can I have a map of New York?
캔 아이 해브 어 맵 어브 뉴 욕

(뉴욕의 교통지도를 얻을 수 있습니까?)

- When does the sightseeing bus start?
  웬 더즈 더 싸잇씨잉 버스 스타트
  (관광버스는 몇시에 출발합니까?)

- What course is there?
  왓 코스 이즈 데어
  (어떤 코스가 있습니까?)

- You can have a comfortable trip of New
  유 캔 해브 어 컴퍼터블 트립 어브 뉴
  York, if you take that bus.
  욕 이프 유 테이크 댓 버스
  (버스를 타면 뉴욕 구경을 편하게 할 수 있습니다.)

▨ 개인관광의 예

- Is this your first trip to New York?
  이즈 디스 유어 퍼스트 트립 투 뉴 욕
  (뉴욕은 처음이십니까?)

- Yes, it is.
  예스 잇 이즈
  (네, 그렇습니다.)

- Above all, let's go to the front of the
  어보브 올 렛쯔 고 투 더 프론트 어브 더
  palace.
  팰리스

(먼저 궁전 앞으로 가보실까요?)

● Yes, let's go.
예스 렛쯔 고
(예, 그럽시다.)

● Here is the front square of the palace.
히어 이즈 더 프론트 스퀘어 어브 더 팰리스
(여기가 궁전앞 광장입니다.)

● I have seen it in the picture postcard.
아 해브 씬 잇 인 더 픽쳐 포스트카드
(그림엽서에서 본 일이 있어요.)

● Let's take a picture here.
렛쯔 테익 어 픽쳐 히어
(여기서 사진을 찍읍시다.)

● What is that building?
왓 이즈 댓 빌딩
(저 건물은 무엇입니까?)

● That is the Capital.
댓 이즈 더 캐피틀
(저것은 국회의사당입니다.)

● What are those over there?
왓 아 도즈 오버 데어
(저기에 보이는 것은 무엇입니까?)

- Those are the World Trade Center.
  도즈 아 더 월드 트레이드 센터
  (그것은 무역센터입니다.)

- That is New York Met's Stadium.
  댓 이즈 뉴 욕 메쯔 스테디움
  (그것은 뉴욕 메츠 스타디움입니다.)

- Here is New York.
  히어 이즈 뉴 욕
  (여기가 뉴욕입니다.)

- Let's go by train this time.
  렛쯔 고 바이 트레인 디스 타임
  (이번은 기차를 타고 갑시다.)

- We must change trains here.
  위 머스트 체인지 트레인즈 히어
  (여기에서 내려서 갈아탑시다.)

- Subway Queens line is red.
  써브웨이 퀸즈 라인 이즈 레드
  (퀸즈 선은 빨간 색입니다.)

- Here! We've arrived at New York.
  히어 위브 어라이브드 앳 뉴 욕
  (뉴욕에 도착했습니다.)

- Let's go out to the east gate.
  렛쯔 고 아웃 투 더 이스트 게이트
  (동쪽 출구로 나갑시다.)

▨ 사진을 찍을 때

- May I take a picture here?
  메이 아이 테익 어 픽쳐 히어
  (여기서 사진을 찍어도 됩니까?)

- Excuse me, would you take a picture of
  익스큐즈 미 우 쥬 테익 어 픽쳐 어브
  me?
  미
  (미안합니다만 셔터를 눌러 주시겠어요.)

- Would you be in the picture of me?
  우 쥬 비 인 더 픽쳐 어브 미
  (저와 함께 찍읍시다.)

- May I take your picture?
  메이 아이 테이크 유어 픽쳐
  (당신의 사진을 찍어도 됩니까?)

- I'll send your photograph.
  아윌 쎈드 유어 포토그라프
  (사진을 보내 드리겠습니다.)

- Write your address here, please.
  라이트 유어 애드레스 히어 플리즈
  (여기에 주소를 적어 주십시오.)

▨ 오락(연극, 영화)

- Is there any guide book about city performance?
  이즈 데어 에니 가이드 북 어바웃 씨티 퍼퍼먼스
  (시내공연 안내책자가 있습니까?)

- Is there any performance tonight or tommow?
  이즈 데어 에니 퍼퍼먼스 투나잇 오아 투마로우
  (오늘 밤이나 내일 공연이 있습니까?)

- One ticket to the best seat, please.
  원 티킷 투 더 베스트 씨트 플리즈
  (가장 좋은 좌석을 한 장 주세요.)

- What time does it begin?
  왓 타임 더즈 잇 비긴
  (몇시에 시작합니까?)

- Where can we see the opera?
  웨어 캔 위 씨 디 어퍼러
  (오페라는 어디에서 볼 수 있습니까?)

- Would you usher me to my seat?
  우 쥬 어셔 미 투 마이 씨트
  (내 자리로 안내해 주십시오.)

7. 식 사

- Aren't you hungry?
  안 츄 헝그리
  (배 고프지 않으십니까?)

- Yes, I am hungry.
  예스 아 엠 헝그리
  (배가 고픕니다.)

- If so, let's go to have some.
  이프 소 렛쯔 고 투 해브 썸
  (그러면 무언가 먹으러 갈까요?)

- O. K.
  오우 케이
  (좋지요.)

- This is my treat.
  디스 이즈 마이 트릿
  (제가 대접하겠습니다.)

▨ 레스토랑에서

- Welcome!
  웰컴
  (어서 오십시오.)

- Come right in, please.
  컴 라잇 인 플리즈
  (어서 들어 오십시오.)

- Step in, please.
  스텝 인 플리즈
  (안으로 들어 가십시오.)

- How many persons?
  하우 메니 퍼슨즈
  (몇 명입니까?)

- Two.
  투
  (두 사람입니다.)

- How about this seat?
  하우 어바웃 디스 씨트
  (이 자리는 어떠신지요.)

- Please be seated here.
  플리즈 비 씨티드 히어
  (자, 이쪽에 앉으시지요.)

- Sit down here, please.
  씻 다운 히어 플리즈
  (자, 이쪽에 앉으시지요.)

- How about that window seat?
  하우 어바웃 댓 윈도우 씨트
  (저 창가의 자리는 어떠십니까?)

- What would you like?
  왓 우 쥬 라익
  (무엇을 드시겠습니까?)

- Here is a bill of fare.
  히어 이즈 어 빌 어브 페어
  (여기에 메뉴가 있습니다.)

- What's the specialty here?
  왓쯔 더 스페셜티 히어
  (이 가게에서 잘 하는 것은 무엇입니까?)

- What's the special of the day?
  왓쯔 더 스페셜 어브 더 데이
  (오늘의 특별요리는 무엇입니까?)

- Recommend something delicious, please.
  리커멘드 썸씽 딜리셔스 플리즈
  (무언가 맛있는 것을 소개해 주세요.)

- How about beef-steak?
  하우 어바웃 비프 스테익
  (비프 스테이크는 어떻습니까?)

● Then, I'll get it.
댄 아윌 겟 잇
(그럼, 그것으로 하지요.)

● How do you want your steak?
하우 두 유 원트 유어 스테이크
(어느 정도 구워 드릴까요.)

● Medium, please.
미디엄 플리즈
(미디엄으로 해 주세요.)

● Welldone, please.
웰 돈 플리스
(잘 구워 주세요.)

● Rare, please.
레어 플리스
(살짝 구워 주세요.)

● Yes, sir.
예스 써
(에, 알았습니다.)

● What do you want to drink?
왓 두 유 원 투 드링크
(마실 것은 무엇으로 하시겠습니까?)

● Two glasses of beer, please.
투 글래씨즈 어브 비어 플리즈
(맥주를 두 병 주세요.)

- How about whisky?
  하우 어바웃 위스키
  (위스키는 어떻습니까?)

- A whisky on the rock and water separately?
  어 위스키 온 더 락 엔 워터 세퍼레이틀리
  (물과 얼음을 넣어 한 잔씩 주십시오.)

- Do you have anything to order?
  두 유 헤브 애니씽 투 오더
  (그 밖에 주문하실 것은 없습니까?)

- Eatables, please.
  이터블즈 플리즈
  (안주를 주세요.)

- Is that enough?
  이즈 댓 이너프
  (그것으로 됐습니까?)

- It tastes so good.
  잇 테이스쯔 쏘 굿
  (이것은 아주 맛이 있군요.)

- It's a little acid.
  잇쯔 어 리틀 애씨드
  (조금 시군요.)

- Why don't you help yourself to some more?
  와이 돈 츄 헬프 유어셀프 투 썸 모어
  (좀더 드시지요.)

● What do you want for dessert?
왓 두 유 원트 포 디저트
(디저트는 무엇으로 하시겠습니까?)

● Ice cream.
아이스 크림
(아이스 크림으로 하지요.)

● Waiter, one more cup of water, please.
웨이터 원 모어 컵 어브 워터 플리즈
(여보세요, 엽차 한 잔 더 주세요.)

● Help yourself to some more.
헬프 유어셀프 투 썸 모어
(좀 더 드시지요.)

● May I give you some more?
메이 아이 기브 유 썸 모어
(더 드릴까요?)

● No, thank you. I've had enough.
노 쌩 큐 아이브 해드 이너프
(아닙니다. 이제 충분합니다.)

● Have you finished your meal?
해브 유 피니쉬트 유어 밀
(식사는 끝내셨습니까?)

● Do you mind my clearing the table?
두 유 마인드 마이 크리어링 더 테이블

(그릇을 치워도 되겠습니까?)

● I' ll pay the bill.
아윌 페이 더 빌
(계산을 하겠습니다.)

● How much do I owe you?
하우 머치 두 아이 오 유
(계산 얼마입니까?)

● Two hundred fifty dollars are total.
투 헌드레드 피프티 달러즈 아 토틀
(250달러입니다.)

● Three hundred dollars.
쓰리 헌드레드 달러즈
(300달러입니다.)

● It is fifty dollars change and a receipt.
잇 이즈 피프티 달러즈 체인지 앤 어 리씨트
(거스름돈 50달러과 영수증입니다.)

● I' ve enjoyed myself the meal.
아이브 인조이드 마이셀프 더 밀
(잘 먹었습니다.)

● Thank you. We hope to see you again.
쌩 큐 위 호프 투 씨 유 어겐
(감사합니다. 또 오십시오.)

▨ 또 다른 식사의 예

● We haven't get a trip to U.S.A so long.
위 해븐트 겟 어 트립 투 유 에스에이 소 롱
How about an American food?
하우 어바웃 어너메리칸 푸
(모처럼 미국여행이므로 미국요리를 먹으러 가지요.)

● Good. Let's go.
굿 렛쯔 고
(좋고 말고요, 그렇게 합시다.)

● How about going to a near hamburger's shop?
하우 어바웃 고잉 투 어 니어 햄버거즈 샵
(가까운 곳에 햄버거 가게가 있는데, 좋겠지요?)

● Welcome! Please be seated.
웰컴 플리즈 비 씨티드
(어서 오십시오. 앉으시죠.)

● Welcome!
웰컴
(어서 오십시오.)

● Mr. Jung! Order as you please.
미스터 정 오더 애즈 유 플리즈
(정 선생님, 드시고 싶은 것을 주문하세요.)

● After you, please. I don't know what's it.
애프터 유 플리즈 아이 돈 노 왓쯔 잇
(아니에요, 나는 이름을 모르니까 당신이 주문하세요.)

● Then, I will take Tuna and beef steak. Is it O. K?
덴 아이 윌 테익 튜나 앤 비프 스테익 이즈 잇 오우 케이
(그러면, 다랑어하고 비프 스테이크를 주세요.)

● Yes.
예스
(네.)

● How's its taste?
하우즈 잇쯔 테이스트
(맛은 어떻습니까?)

● So good.
소 굿
(맛있군요.)

● Thank you, go ahead.
쌩 큐 고 어헤드
(고마워요. 어서 드시지요.)

● No, thank you. I've had enough.
노 쌩 큐 아이브 해드 이너프
(됐어요. 잘 먹었습니다.)

8. 쇼 핑

외국에서의 쇼핑은 국내에서도 마찬가지지만, 충동적인 구매를 절대 삼가하고 세밀한 계획을 세워서 해야 됩니다.

백화점이나 수퍼마켓을 이용하는 것이 좋습니다. 전자제품 전문상가와 외국인을 위한 면세점을 찾는 것도 쇼핑의 지혜입니다.

● Where is a department store?
웨어 이즈, 어 디파트먼트 스토어
(백화점은 어디입니까?)

● It is at the gateway of the station.
잇 이즈 앳 더 게이트웨이 어브 더 스테이션
(역 출구쪽에 있습니다.)

● Where is the shopping center?
웨어 이즈 더 쇼핑 센터
(상점가는 어디에 있습니까?)

● Where is a watch maker?
웨어 이즈 어 워치 메이커

(시계전문점은 어디입니까?)

● It is near the New York station.
잇 이즈 니어 더 뉴 욕 스테이션
(뉴욕역에서 가까운 곳에 있습니다.)

● May I see those stuffs a minute?
메이 아이 씨 도즈 스텁스 어 미닛
(잠깐 봐도 좋겠습니까?)

● Certainly. Go right ahead.
써튼리 고 라잇 어헤드
(물론이죠, 염려 말고 구경하십시오.)

백화점에서

● Where is a beauty counter?
웨어 이즈 어 뷰티 카운터
(화장품 파는 곳은 어디입니까?)

● It is on the fourth floor.
잇 이즈 온 더 포쓰 플로어
(4층입니다.)

● Welcome!
웰컴
(어서오십시오.)

● I'd like to make a gift to my wife.
아드 라익 투 메이크 어 기프트 투 마이 와이프

(집사람에게 뭔가 선물을 하고 싶습니다만.)

- Then, how about this set of cosmetics?
  덴 하우 어바웃 디스 셋 어브 커스메틱스
  (그럼, 이 화장품 세트는 어떻습니까?)

- That's too expensive. Do you have foundation?
  댓쯔 투 익스펜시브 두 유 해브 파운데이션
  (그것은 너무 고가품입니다. 화운데이션은 있습니까?)

- Yes, I'd like to recommend this new products.
  예스 아드 라익 투 리커멘드 디스 뉴 프로덕쯔
  (네, 이 신제품을 권하고 싶습니다.)

- Which is good?
  휘치 이즈 굿
  (무엇이 좋습니까?)

- This is good both to a white skin and to others.
  디스 이즈 굿 보쓰 투 어 화잇 스킨 앤 투 아더즈
  (이것은 살결이 흰 사람에게도, 그렇지 않은 사람에게도 잘 맞습니다.)

- Then, Wrap it up two, please.
  덴 랩 잇 업 투 플리즈

(자, 그것을 두 개 포장해 주시오.)

● Yes, Sir.
예스 써
(네, 알겠습니다.)

● fifty dollars.
피프티 달러즈
(50달러입니다.)

● Here.
히어
(여기 있습니다.)

▨ 여러 가지 쇼핑

● Do you have fur goods?
두 유 헤브 퍼 굿즈
(모피제품이 있습니까?)

● How about this one?
하우 어바웃 디스 원
(이것은 어떻습니까?)

● That's aloud./That is plain.
댓쯔 얼아우드 댓 이즈 플레인
(그것은 화려(수수)하군요.)

● Do you have anything better?
두 유 해브 에니씽 베터

(좀더 좋은 것은 없습니까?)

● This is very expensive.
디스 이즈 베리 익스펜시브
(이것은 아주 비싸군요.)

● Can you give me a discount.
캔 유 기브 미 어 디스카운트
(조금 깎아 주시겠습니까?)

● That's not expensive.
댓쯔 낫 익스펜시브
(비싸지 않습니다.)

● I'll make a 10% discount.
아윌 메이크 어 텐 퍼센트 디스카운트
(10% 할인해 드리겠습니다.)

● Show me shoes of this size, please.
쇼우 미 슈즈 어브 디스 싸이즈 플리즈
(이 치수의 구두를 보여주세요.)

● Unfortunately it runs out of stock now.
언포쳐니틀리 잇 런즈 아웃 어브 스탁 나우
(공교롭게도 지금은 품절입니다.)

● What's the quality of this bag.
왓쓰 더 퀄러티 어브 디스 백
(이 가방의 재질은 무엇입니까?)

- This is T-shirts on the vogue.
  디스 이즈 티 셔쯔 온 더 보그
  (이것이 지금 유행하고 있는 T셔츠입니다.)

- This is the latest mode.
  디스 이즈 더 레이티스트 모드
  (이것이 최신형입니다.)

- Where is this made?
  웨어 이즈 디스 메이드
  (이것은 어디 제품입니까?)

- In Korea(Japan, Italy).
  인 코리아 저팬 이틀리
  (그것은 한국(일본, 이태리)제입니다.)

- This goods are guaranteed for one year.
  디스 굿즈 아 게런티드 포 원 이어
  (이 물건은 1년간 보증해 드립니다.)

- How much is the picture postcard of this Alps?
  하우 머치 이즈 더 픽쳐 포스트카드 어브 디스 앨프스
  (이 알프스 산의 그림엽서는 얼마입니까?)

- Fifty cents per ten sets.
  피프티 센쯔 퍼 텐 셋쯔
  (10매 세트에 50센트입니다.)

- I'd like to buy a roll of film.
  아드 라익 투 바이 어 롤 어브 필름
  (필름을 사고 싶습니다.)

- Please print this and that rolls two.
  플리즈 프린트 디스 앤 댓 롤즈 투
  (이것과 저것을 두 장씩 인화해 주십시오.)

- When will it be ready?
  웬 윌 잇 비 레디
  (언제 됩니까?)

- Next Tuesday.
  넥스트 튜즈데이
  (다음주 화요일에 됩니다.)

- This stuffs are duty-free.
  디스 스텁쓰 아 듀티 프리
  (이 물건은 면세품입니다.)

- Are these goods exempted from taxation?
  아 디즈 굿즈 이그젬티드 프롬 택세이션
  (이것은 면세가 됩니까?)

- Yes, Sir. So long as you show me your
  예스 써 소 롱 애즈 유 쇼 미 유어
  passport.
  패스포트
  (네, 여권을 보여 주신다면.)

● May I pay by traveler's check?
메이 아이 페이 바이 트레블러즈 체크
(여행자 수표로 지불해도 됩니까?)

● Available.
어베일러블
(좋습니다.)

● I'd like this gift wrapped separately, please.
아드 라익 디스 기프트 랩트 세퍼레이틀리 플리즈
(따로 따로 포장해 주세요.)

● Would you deliver it to the hotel?
우 쥬 딜리버 잇 투 더 호텔
(호텔까지 배달해 주십니까?)

● Yes, sir. Two dollars for a delivery charge.
예스 써 투 달러즈 포 어 딜리버리 차아지
(됩니다. 배달료로 2달러 받습니다.)

● Write name and the address of the receiver, please.
라이트 네임 앤 디 애드레스 어브 더 리시버 플리즈
(수취인의 이름과 주소를 써 주십시오.)

9. 은 행

여행자가 은행을 이용할 때는 대개 환전을 위해서라고 생각합니다. 환전은 은행뿐만 아니라 호텔이나 백화점, 공항에서도 가능합니다.

많은 현금을 가지고 다니는 것은 위험하므로 여행자수표, 전세계적으로 통용되는 크레디트 카드를 이용하면 숙박비는 물론 백화점에서 물건을 살 때에도 편리합니다.

● Where is a bank?
웨어 이즈 어 뱅크
(은행은 어디입니까?)

● Just beside of the station.
저스트 비사이드 어브 더 스테이션
(역 바로 옆입니다.)

● Where is an exchange shop?
웨어 이즈 언 익스채인지 숍
(환전소는 어디입니까?)

● Can I exchange money here?
캔 아이 익스채인지 머니 히어
(여기서 환전할 수 있습니까?)

● Yes, you can.
예스 유 캔
(네, 됩니다.)

● I'd like to change won into dollar.
아드 라익 투 채인지 원 인투 달러
(원을 달러로 바꾸고 싶습니다만.)

● What's the rate of exchange?
왓 더 레잇 어브 익스채인지
(오늘의 환율은 얼마이지요?)

● Today's exchange rate is 802 won to the U.S dollar.
투데이즈 익스채인지 레잇 이즈 에잇 헌드레드 투 원 투 더 ㅠ 에스 달러
(오늘의 환율은 1달러당 802원입니다.)

● Would you cash this check?
우 쥬 캐시 디스 체크
(이 수표를 현금으로 바꾸어 주십시오.)

● How do you like it?
하우 두 유 라이크 잇
(어떻게 해 드릴까요?)

● Seven hundred dollar bill, twenty fifty
세븐 헌드레드 달러 빌 투웬티 피프티
dollar bill, and break two fifty dollar
달러 빌 앤 브레이크 투 피프티 달러
bill, please.
빌 플리즈
(700달러짜리, 25달러짜리, 50달러짜리 2장으로 부탁합니다.)

● Yes, sir. Wait a moment.
예스 써 웨이트 어 모우먼트
(알았습니다. 조금 기다리십시오.)

● I've kept you waiting long. Seven
아브 캡트 유 웨이팅 롱 세븐
hundred ninety nine dollars. One dollar
헌드레드 나인티 나인 달러즈 원 달러
is a commission. Count the money, please.
이즈 어 커미션 카운트 더 머니 플리즈
(오래 기다리셨습니다. 수수료 1달러을 빼고 799달러입니다. 세어 보십시오.)

● Yes, it is correct.
예스 잇 이즈 커렉트
(예, 맞습니다.)

● Thank you.
쌩 큐
(감사합니다.)

10. 분실, 사고

- I've lost my passport.
  아브 로스트 마이 패스포트
  (여권을 잃어버렸습니다.)

- Where can I make an application of reissue for a passport?
  웨어 캔 아이 메이크 언 애플리케이션 어브 리이슈 포 어 패스포트
  (재발행은 어디에서 신청해야 합니까?)

- Can you reissue it to me.
  캔 유 리이슈 잇 투 미
  (재발행해 주시겠습니까?)

- I've lost my purse.
  아브 로스트 마이 퍼스
  (지갑을 잃어버렸습니다.)

- Where is the missing article department?
  웨어 이즈 더 미씽 아티클 디파트먼트
  (분실물계는 어디입니까?)

● What is in the purse?
왓 이즈 인 더 퍼스
(지갑에는 무엇이 들어 있습니까?)

● Three hundred dollars, passport, and a
쓰리 헌드레드 달러스 패스포트 앤 어
receipt. etc.
리씨트 이세트러
(현금으로 300달러 정도하고 여권, 영수증이 들어 있습니다.)

● Where have you lost?
웨어 헤브 유 로스트
(어디에서 잃어버렸습니까?)

● I've lost at the public telephone booth
아브 로스트 앳 더 퍼브릭 텔리폰 부쓰
there.
데어
(저어, 저쪽 공중전화에서 잃어버렸습니다.)

● What color is the purse?
왓 칼러 이즈 더 퍼스
(지갑 색깔은 무엇입니까?)

● It's black.
잇쯔 블랙
(검은 색입니다.)

● Your name and nationality, please.
유어 네임 앤 네셔널러티 플리즈

(이름과 국적을 말하세요.)

● My name is Kim Young Su from Korea.
마이 네임 이즈 김 영 수 프롬 코리아
(이름은 김영수입니다. 국적은 한국이고요.)

● Is this yours?
이즈 디스 유어즈
(혹시 이것이 아닙니까?)

● Yes, it's mine. Has someone brought it?
예스 잇쯔 마인 해즈 썸원 브로우트 잇
(아, 그것입니다. 누군가가 주워 왔습니까?)

● You are right. Take care of yourself.
유 아 라잇 테익 케어 어브 유어셀프
(그렇습니다. 앞으로는 조심하십시오.)

● Thank you so much.
쌩 큐 소 머치
(대단히 감사합니다.)

▨ 사 고

● There is someone injured.
데어 이즈 썸원 인쥬어드
(부상자가 있습니다.)

● Call an ambulance, please.
콜 언 앰뷸런스 플리즈

(구급차를 불러 주십시오.)

- At last there happened a collision accident.
  앳 라스트 데어 헤픈드 어 컬리젼 액시던트
  (충돌사고가 일어났습니다.)

▨ 곤란한 경우를 당했을 때

- The shoes are torn down at the heel.
  더 슈즈 아 톤 다운 앳 더 힐
  (구두 뒤축이 찢어져 버렸습니다.)

- Where is a shoe repairshop?
  웨어 이즈 어 슈 리패어샵
  (구두 수선집은 어디입니까?)

- The strings of this bag has broken down.
  더 스트링즈 어브 디스 백 해즈 브로큰 다운
  (이 가방끈이 떨어져 버렸습니다.)

- How can I do?
  하우 캔 아이 두
  (어떻게 하면 좋겠습니까?)

11. 약국, 병원

▨ 약국에서

● I have a touch of cold.
아이 헤브 어 타치 어브 콜드
(감기 기운이 있습니다.)

● What's the symptoms?
왓쯔 더 심프텀즈
(어떻게 아픕니까?)

● I have a soar throat.
아이 헤브 어 쏘어 쓰로우트
(목이 아픕니다.)

● I'm coughing.
아임 카핑
(기침이 나옵니다.)

● Do you have a fever?
두 유 해브 어 피버
(열은 없습니까?)

● Yes, I have.
예스 아이 해브
(열도 있습니다.)

● Then, I recommend this synthetic medicine
덴 아이 레커멘드 디스 신세틱 메디신
for colds.
포 콜즈
(그럼, 이 종합감기약을 권합니다.)

● How do I take this medicine?
하우 두 아이 테익 디스 메디신
(어떻게 복용합니까?)

● Take three, three times a day after thirty
테이크 쓰리 쓰리 타임즈 어 데이 애프터 써티
minutes of meal.
미니쯔 어브 밀
(1일 3회, 식후 30분에 3정씩 복용하십시오.)

● Thank you. How much do I owe you?
쌩 큐 하우 머치 두 아이 오 유
(고맙습니다. 얼마입니까?)

● Three dollars.
쓰리 달러스
(3달러입니다.)

● Here.
히어
(네, 여기 있습니다.)

▨ 병원에서

● Can you speak English?
캔 유 스피크 잉글리쉬
(영어를 할 줄 압니까?)

● Yes, I can.
예스 아이 캔
(네, 압니다.)

● Did you make an appointment?
디 쥬 메이크 언 어포인트먼트
(예약을 했습니까?)

● No, I didn't. It is my first visit here today.
노 아이 디든트 잇 이즈 마이 퍼스트 비짓 히어 투데이
(아니오, 오늘이 처음입니다.)

● Is that so? Then, make an appointment, please.
이즈 댓 소 덴 메이크 언 어포인트먼트 플리즈
(그렇습니까, 그럼 먼저 예약을 해 주십시오.)

● What's wrong with you?
왓쯔 롱 위드 유
(어디가 아프십니까?)

● I feel a pain in my stomach.
아이 필 어 패인 인 마이 스터먹
(배가 아픕니다.)

- Since when?
  씬스 웬
  (언제부터 아픕니까?)

- I' ve been painful little by little since two days ago.
  아브 빈 패인풀 리틀 바이 리틀 씬스 투 데이즈 어고우
  (그제부터 조금씩 아프기 시작했습니다.)

- I felt a pain all of a sudden.
  아이 펠트 어 패인 올 어브 어 써든
  (갑자기 아팠습니다.)

- Please lie at your side.
  플리즈 라이 앳 유어 싸이드
  (옆으로 누우세요.)

- I have a pain here.
  아이 해브 어 패인 히어
  (여기가 아픕니다.)

- I feel sharp pains there.
  아이 필 샤아프 패인즈 데어
  (거기가 쑤시고 아픕니다.)

- Open your mouth.
  오픈 유어 마우쓰
  (입을 벌려 보세요.)

● You have a soar throat.
유 해브 어 쏘어 쓰로우트
(목이 부어 있군요.)

● It is trivial.
잇 이즈 트리비얼
(대수롭지 않습니다.)

● You' ll be better in two or three days.
유윌 비 베터 인 투 오어 쓰리 데이즈
(2, 3일 뒤면 좋아질 것입니다.)

● Take this prescription to the dispensary.
테이크 디스 프리스크립션 투 더 디스펜서리
(이 처방전을 약국에 가지고 가십시오.)

▨ 여러 가지 증세의 표현 방법

● I overate myself.
아이 오버에이트 마이셀프
(과식했습니다.)

● I had loose bowels.
아이 해드 루스 바우얼즈
(설사를 했습니다.)

● I drunk too much.
아이 드렁크 투 머치
(과음했습니다.)

● I have a pain in my teeth.
아이 해브 어 패인 인 마이 티쓰
(이빨이 아픕니다.)

● I'm afraid I was poisoned by food.
아임 어프레이드 아이 워즈 포이즌드 바이 푸드
(식중독인 것 같습니다.)

● I feel a touch of cold.
아이 필 어 터치 어브 콜드
(감기 기운이 있습니다.)

● I have a cold.
아이 해브 어 콜드
(감기에 걸렸습니다.)

● I've been injured.
아이브 빈 인쥬어드
(상처를 입었습니다.)

● It is a cold.
잇 이즈 어 콜드
(감기입니다.)

● I feel cold.
아이 필 콜드
(한기가 듭니다.)

● I sprained my ankle
아이 스프레인드 마이 앵클
(발을 삐었습니다.)

- This part seems to sprain.
  디스 파트 씸즈 투 스프레인
  (여기가 삔 것 같습니다.)

- Give me some applying medicine.
  기브 미 썸 어플라잉 메디슨
  (무언가 바르는 약을 주세요.)

- I feel dizzy.
  아이 필 디지
  (현기증이 납니다.)

- I have stomach trouble.
  아이 해브 스터먹 트러블
  (배탈이 났습니다.)

- I feel sick.
  아이 필 씩
  (토할 것 같습니다.)

- I feel not good with nausea.
  아이 필 낫 굿 위드 너씨어
  (멀미 등으로 기분이 좋지 않습니다.)

- I feel a little better.
  아이 필 어 리틀 베터
  (조금 좋아졌습니다.)

- I've got better completely.
  아이브 갓 베터 컴플리틀리
  (이제 완전히 나았습니다.)

12. 귀 국

마침내 귀국의 시간이 다가왔군요. 이번 여행을 통해 여러 가지 견문과 상식을 넓혔을 줄 믿습니다.

귀국 수속은 출국때와 같습니다. 다만 미리 예약과 확인을 마쳐 귀국 당일에 당황하는 일이 없도록 하셔야겠습니다.

● I want to make a reservation for the flight.
아이 원 투 메이크 어 레져베이션 포 더 플라이트

(항공편의 예약을 하고 싶은데요.)

● I want to have a seat on your flight for Seoul this twentieth.
아이 원 투 해브 어 씨트 온 유어 플라이트 포 서울 디스 투웬티쓰

(이달 20일 서울행 비행기를 타고 싶습니다.)

● What time? We have two at eleven a.m and six p.m.
왓 타임 위 해브 투 앳 일레븐 에이 엠 앤 씩스 피 엠

(몇시 편을 원합니까? 오전 11시, 오후 6시 편이 비어 있습니다만.)

● Book on eleven a.m, please.
북 온 일레븐 에이 엠 플리즈
(오전 11시 편으로 예약해 주십시오.)

● Yes, sir.
예스 써
(알겠습니다.)

● I'd like to confirm my flight reservation.
아드 라익 투 컨펌 마이 플라이트 레져베이션
(예약을 확인하고 싶습니다.)

● Yes, sir. Your name, please.
예스 써 유어 네임 플리즈
(네, 성함을 말씀해 주세요.)

● You are booked on flight KAL 706 to Seoul on March twentieth, aren't you?
유 아 북트 온 플라이트 칼 쎄븐 오 씩스 투 서울 온 마치 투웬티쓰 안 츄
(3월 20일 서울행 KAL 706 편에 타시는 거지요?)

● Yes, I am.
예스 아이 엠
(그대로입니다.)

● Your flight is taking off at 11. a.m, so
유어 플라이트 이즈 테이킹 어프 앳 일레븐 에이 엠 소

at least you must arrive at the airport
앳 리스트 유 머스트 어라이브 앳 디 에어포트
two hours prior to departure time.
투 아우어즈 프라이어 투 디파쳐 타임
(손님의 비행기 출발 시간은 오전 11시로, 적어도 출발 2 시간 전에는 공항으로 와 주세요.)

● Please cancel my reservation.
플리즈 캔슬 마이 레져베이션
(예약을 취소해 주세요.)

● I'd like to change my reservation.
아이드 라익 투 체인지 마이 레져베이션
(예약을 변경하고 싶습니다.)

● What's the date of your desire?
왓쯔 더 데이트 어브 유어 디자이어
(희망하시는 날은 언제입니까?)

▨ 공항에서

● Do you have a ticket?
두 유 해브 어 티킷
(항공권은 가지고 계십니까?)

● Yes, I have.
예스 아이 해브
(네, 가지고 있습니다.)

- Do you smoke?
  두 유 스모크
  (담배를 피우십니까?)

- No, I like a nonsmoking seat.
  노 아이 라이크 어 논스모킹 씨트
  (아니오, 피우지 않는 쪽으로 원합니다.)

- Do you like an aisle seat or a window seat?
  두 유 라이크 언 아일 씨트 오아 어 윈도우 씨트
  (통로쪽이 좋습니까, 아니면 창쪽을 원하십니까?)

- A window seat, please.
  어 윈도우 씨트 플리즈
  (창쪽으로 해 주십시오.)

- May I see your passport?
  메이 아이 씨 유어 패스포트
  (여권을 보여 주십시오.)

- Put your baggage on this, please.
  풋 유어 배기지 온 디스 플리즈
  (짐을 이 위에 올려 놓으십시오.)

- This is the exchange ticket of your baggage.
  디스 이즈 디 익스채인지 티킷 어브 유어 배기지
  (이것은 짐의 인환증입니다.)

● I'll take care of your camera.
아윌 테익 케어 어브 유어 케머러
(카메라는 보관하겠습니다. 맡기십시오.)

● The charges for custody is fifty cents.
더 차아지즈 포 커스터디 이즈 피프티 센쯔
(공항 사용료 50센트 받겠습니다.)

▨ 면세점에서

● How much is that cigarette?
하우 머치 이즈 댓 씨거렛
(그 담배는 얼마입니까?)

● Is this cassette duty-free?
이즈 디스 카쎄트 듀티 프리
(이 카세트도 면세입니까?)

● Yes, it is.
예스 잇 이즈
(네, 그렇습니다.)

▨ 대기실에서

● This is the final broadcasting of the KAL 716.
디스 이즈 더 파이널 브로드캐스팅 어브 더 칼 세븐 원 씩스
(KAL 716편의 최종 안내를 말씀드리겠습니다.)

- Passenger of the KAL 716! Get into the
  패신져 어브 더 칼 쎄븐 원 씩스 겟 인투 디
  airplane at the gate number 9.
  에어플래인 앳 더 게이트 넘버 나인
  (KAL 716편의 손님은 9번 입구에서 탑승하시기 바랍니다.)

- Good-bye.
  굿 바이
  (잘 가십시오.)

- See you again.
  씨 유 어겐
  (안녕히 가십시오.)

제 3 장

상용 회화

1. 상황에 따른 분류

- you and I
  유 앤 아이
  (나와 당신)

- this, that
  디스 댓
  (이것, 저(그)것)

- here, there
  히어 데어
  (여기, 저(거)기)

- What time is it now?
  왓 타임 이즈 잇 나우
  (지금 몇시입니까?)

- Where are you going?
  웨어 아 유 고잉
  (당신은 어디에 가십니까?)

- I eat rice in the morning.
  아이 이트 라이스 인 더 모닝
  (나는 아침에 밥을 먹습니다.)

- He speaks in English.
  히 스픽스 인 잉글리쉬
  (그는 영어로 말합니다.)

- Roses is a beautiful flower.
  로지즈 이즈 어 뷰티풀 플라워
  (장미꽃은 예쁜 꽃입니다.)

- I like an apple.
  아이 라이크 언 애플
  (나는 사과를 좋아합니다.)

- There is a child in the room.
  데어 이즈 어 차일드 인 더 룸
  (어린이가 방에 있습니다.)

- I do wash once a week.
  아이 두 워시 원스 어 윅
  (나는 1주일에 한 번 빨래를 합니다.)

- Seoul is bigger than Pusan.
  서울 이즈 비거 댄 부산
  (서울은 부산보다 큽니다.)

- Let's go to have some.
  렛쯔 고 투 해브 썸
  (밥을 먹으러 갑시다.)

- Would you lend me your dictionary?
  우 쥬 렌드 미 유어 딕셔너리
  (사전을 빌려 주세요.)

- May I use this cassette?
  메이 아이 유즈 디스 카셋트
  (이 카셋트를 이용해도 됩니까?)

- This apple is large and delicious.
  디스 애플 이즈 라아지 앤 딜리셔스
  (이 사과는 크고 맛있습니다.)

- Don't forget me.
  돈 포겟 미
  (나를 잊지 마세요.)

- He can drive a car.
  히 캔 드라이브 어 카
  (그는 차를 운전할 수 있습니다.)

- I've seen the Rocky Mountains.
  아이브 씬 더 록키 마운틴즈
  (나는 로키산을 본 적이 있습니다.)

- What did the teacher say?
  왓 디드 더 티쳐 세이
  (선생님은 무어라고 말씀하셨습니까?)

2. 상황에 따른 회화 및 예문

1) 나와 당신

▨ 회 화

● How do you do?
하우 두 유 두
(안녕하십니까?)

● I' m Mr. Lee from Korea.
아임 미스터 리 프롬 코리아
(나는 한국에서 온 이라고 합니다.)

● I' ve come here for tour.
아브 컴 히어 포 투어
(관광차 왔습니다.)

● Nice to meet you.
나이스 투 미 츄
(잘 부탁합니다.)

● Same here.
새임 히어

(저야말로 잘 부탁합니다.)

● Have a good time.
해브 어 굿 타임
(잘 즐기십시오.)

▨ 예 문

● My name is John.
마이 네임 이즈 존
(나는 존이라고 합니다.)

● I am a Korean.
아이 엠 어 코리언
(나는 한국인입니다.)

● I am an American.
아이 엠 언 어메리컨
(나는 미국인입니다.)

● I am a teacher.
아이 엠 어 티쳐
(나는 선생입니다.)

● I am a student.
아이 엠 어 스튜던트
(나는 학생입니다.)

● Are you John?
아 유 존

(당신은 존입니까?)

● Are you Mr. Lee?
아 유 미스터 리
(당신은 이씨입니까?)

● Are you Mary?
아 유 메리
(당신은 메리입니까?)

● Who are you?
후 아 유
(당신은 누구입니까? = 당신은 어느 분이십니까?)

● I am not Henry.
아이 엠 낫 헨리
(나는 헨리가 아닙니다.)

● I am not an Indian.
아이 엠 낫 언 인디언
(나는 인도인이 아닙니다.)

● Are you a teacher or a student?
아 유 어 티쳐 오어 어 스튜던트
(당신은 선생님입니까, 학생입니까?)

● Are you from England or France?
아 유 프롬 잉글랜드 오어 프랜스
(당신은 영국인입니까, 프랑스인입니까?)

2) 이것, 저것, 그것

▨ 회 화

- Please give my key.
  플리즈 기브 마이 키
  (나의 열쇠를 주십시오.)

- What's the number?
  왓쯔 더 넘버
  (몇번입니까?)

- Six one three.
  씩스 원 쓰리
  (육-일-삼번입니다.)

- Just a moment, please.
  져스트 어 모우먼트 플리즈
  (잠깐 기다려 주십시오.)

- Here it is.
  히어 잇 이즈
  (여기 있습니다.)

- Is this your newspaper?
  이즈 디스 유어 뉴스페이퍼
  (이것은 당신의 신문입니까?)

● Yes, it is. It's mine.
예스 잇 이즈 잇쯔 마인
(네, 그렇습니다. 제것입니다.)

● Thank you.
쌩 큐
(고맙습니다.)

● You are welcome.
유 아 웰컴
(천만에요.)

▨ 예 문

● Is this a book?
이즈 디스 어 북
(이것은 책입니까?)

● Is this an ash-tray?
이즈 디스 언 애쉬 트레이
(이것은 재털이입니까?)

● Is this a magazine?
이즈 디스 어 메거진
(이것은 잡지입니까?)

● What is this?
왓 이즈 디스
(이것은 무엇입니까?)

- This is a cigarette.
  댓 이즈 어 씨가렛
  (저것은 담배입니다.)

- That is tongs.
  댓 이즈 텅즈
  (저것은 젓가락입니다.)

- That is paper.
  댓 이즈 페이퍼
  (저것은 종이입니다.)

- That is a pencil-case.
  댓 이즈 어 펜슬 케이스
  (저것은 필통입니다.)

- Is that a dictionary or a book?
  이즈 댓 어 딕셔너리 오어 어 북
  (그것은 사전입니까, 책입니까?)

- Is that a magazine or a newspaper?
  이즈 댓 어 메거진 오어 어 뉴스페이퍼
  (그것은 잡지입니까, 신문입니까?)

- Is that a ball-point-pen or a pencil?
  이즈 댓 어 볼 포인트 펜 오어 어 펜슬
  (그것은 볼펜입니까, 연필입니까?)

- Is that a desk or a chair?
  이즈 댓 어 데스크 오어 어 체어
  (그것은 책상입니까, 의자입니까?)

- Is this your bag?
  이즈 디스 유어 백
  (이것은 당신의 가방입니까?)

- Is this his bag?
  이즈 디스 히즈 백
  (이것은 저 사람의 가방입니까?)

- Whose bag is this?
  후즈 백 이즈 디스
  (이것은 누구의 가방입니까?)

- That is teacher' s.
  댓 이즈 티쳐즈
  (그것은 선생님의 것입니다.)

- That' s mine.
  댓쯔 마인
  (그것은 나의 것입니다.)

- That' s my mother' s
  댓쯔 마이 마더즈
  (그것은 어머니의 것입니다.)

- That' s aunt' s
  댓쯔 앤쯔
  (그것은 아줌마의 것입니다.)

- What is that?
  왓 이즈 댓
  (저것은 무엇입니까?)

- That is an oyster.
  댓 이즈 언 어이스터
  (저것은 굴입니다.)

- That is an apple.
  댓 이즈 언 애플
  (그것은 사과입니다.)

3) 여기, 저기, 거기

▨ 회 화

● Good afternoon.
굿 애프터눈
(안녕하세요. —낮인사)

● Good afternoon.
굿 애프터눈
(안녕하세요.)

● What company are you in?
왓 컴퍼니 아 유 인
(당신의 회사는 어디입니까?)

● I work for L. A securities.
아이 워 포 엘 에이 씨큐아러티즈
(L. A 증권입니다.)

● Is that so? It's a good company.
이즈 댓 소 잇쯔 어 굿 컴퍼니
(아, 그렇습니까? 좋은 회사이지요.)

▨ 예 문

● What is that?
왓 이즈 댓
(저기는 어디입니까?)

- That is Seoul station.
  댓 이즈 서울 스테이션
  (저기는 서울역입니다.)

- Here is the post office.
  히어 이즈 더 포스트 어피스
  (여기는 우체국입니다.)

- The restaurant is there.
  더 레스트런트 이즈 데어
  (식당은 저쪽입니다.)

- The stations are here and there.
  더 스테이션즈 아 히어 앤 데어
  (역은 거기(저기)입니다.)

- A washroom is this way.
  어 워시룸 이즈 디스 웨이
  (화장실은 이쪽입니다.)

- An information box is that way.
  언 인포메이션 박스 이즈 댓 웨이
  (안내소는 그쪽입니다.)

- A restaurant is that way.
  어 레스트런트 이즈 댓 웨이
  (식당은 저쪽입니다.)

- Where is an entrance?
  웨어 이즈 언 엔트런스
  (입구는 어느쪽에 있습니까?)

- Mr. Lee is there.
  미스터 리 이즈 데어
  (이 선생은 저기에 있습니다.)

- Allen is at the information desk.
  앨른 이즈 앳 디 인포메이션 데스크
  (앨른 씨는 접수처에 있습니다.)

- Harvey is in the garden.
  하비 이즈 인 더 가든
  (하비 씨는 정원에 있습니다.)

- Where is John?
  웨어 이즈 죤
  (죤 씨는 어디에 있습니까?)

- Here is the airport.
  히어 이즈 디 에어포트
  (여기는 공항입니다.)

4) 지금 몇시입니까?

▨ 회 화

● Good evening.
굿 이브닝
(안녕하세요. ─ 저녁인사)

● Be seated here, please.
비 씨티드 히어 플리즈
(여기 앉으시지요.)

● How about coffee?
하우 어바우트 커피
(커피를 마시겠습니까?)

● Thank you.
쌩 큐
(네, 감사합니다.)

● When does school begin?
웬 다즈 스쿨 비긴
(수업은 몇시부터입니까?)

● At 9:30.
앳 나인 써티
(9시 반부터예요.)

● When are you through school?
웬 아 유 쓰루 스쿨
(몇시까지입니까?)

● We are through school at five p. m.
위 아 쓰루 스쿨 앳 파이브 피 엠
(오후 5시까지입니다.)

● That's too bad.
댓쯔 투 배드
(그것참 대단하군요. 안됐군요.)

▨ 예 문

● What time is it now?
왓 타임 이즈 잇 나우
(지금 몇시입니까?)

● When do you get up in the morning?
웬 두 유 겟 엎 인 더 모닝
(당신은 아침 몇시에 일어납니까?)

5) 당신은 어디에 가십니까?

▨ 회 화

- How are you?
  하우 아 유
  (안녕하십니까?)

- I'm fine, thank you.
  아임 파인 쌩 큐
  (네, 좋습니다.)

- How are you?
  하우 아 유
  (당신은 어떻습니까?)

- I'm fine, thank you.
  아임 파인 쌩 큐
  (나도 좋습니다.)

- Do you go anywhere tomorrow?
  두 유 고 애니웨어 투마로우
  (내일 어딘가에 가십니까?)

- Nowhere.
  노웨어
  (아무데도 가지 않습니다.)

● How about going to the Rocky Mountains
하우 어바웃 고잉 투 더 록키 마운틴즈
with me?
위 미
(그럼 나하고 로키 산에 가지 않겠습니까?)

● Good idea. I'll be with you.
굿 아이디어 아윌 비 위드 유
(그것 참 좋군요. 함께 가지요.)

▨ 예 문

● When did he come to America?
웬 디드 히 컴 투 어메리카
(그는 언제 미국에 오셨습니까?)

● Last week.
라스트 윅
(지난주에 왔습니다.)

● How do you go to the Rocky Mountains?
하우 두 유 고 투 더 록키 마운틴즈
(당신은 무엇으로 로키 산까지 가십니까?)

● By subway.
바이 써브웨이
(전철로 갑니다.)

● He goes to hospital.
히 고즈 투 하스피틀

(그는 병원에 갑니다.)

- Do you go to bank?
  두 유 고 투 뱅크
  (당신은 은행에 가십니까?)

- When do you return to your mother land?
  웬 두 유 리턴 투 유어 마더 랜드
  (당신은 언제 조국에 돌아가십니까?)

- In Autumn.
  인 어텀
  (가을에 돌아갑니다.)

- How do you go to New York?
  하우 두 유 고 투 뉴 욕
  (당신은 무엇으로 뉴욕에 가십니까?)

- By subway.
  바이 써브웨이
  (지하철로 갑니다.)

6) 나는 아침에 밥을 먹습니다

▨ 회 화

● What did you do yesterday?
왓 디 쥬 두 예스터데이
(어제 무엇을 하셨습니까?)

● I did gymnastic exercises in the morning.
아 디드 짐네스틱 엑써싸이즈 인 더 모닝
(아침에 체조를 했습니다.)

● I went to Texas with my brother.
아 웬 투 텍사스 위드 마이 브라더
(오후에는 남동생과 텍사스에 갔습니다.)

● How long will it take from here to Texas?
하우 롱 윌 잇 테익 프롬 히어 투 텍사스
(여기서 텍사스까지 얼마나 걸립니까?)

● Fifteen minutes by bus.
피프틴 미니쯔 바이 버스
(버스로 50분 정도입니다.)

● Is that so?
이즈 댓 소
(그렇습니까?)

● What did you do at Texas?
왓 디드 유 두 앳 텍사스

(텍사스에서 무엇을 했습니까?)

● I went to the movie.
아 웬 투 더 무비
(영화를 보았습니다.)

▨ 예 문

● What do you have every morning?
왓 두 유 해브 에브리 모닝
(당신은 매일 아침 무엇을 먹습니까?)

● I have bread and fried eggs.
아 해브 브레드 앤 프라이드 에그즈
(빵과 계란 프라이를 먹습니다.)

● I have rice every morning.
아 해브 라이스 에브리 모닝
(나는 매일 아침 밥을 먹습니다.)

● I have nothing. Only milk.
아 해브 낫씽 온리 밀크
(아무것도 먹지 않습니다. 다만 우유를 마십니다.)

● What do you eat?
왓 두 유 잇
(당신은 무엇을 먹습니까?)

● I eat orange.
아 이트 오렌지

(나는 오렌지를 먹습니다.)

● Mary eats meat.
메리 잇쯔 미트
(메리는 고기를 먹습니다.)

● John likes vegetable very much.
죤 라익스 베지터블 베리 머치
(죤 씨는 야채를 아주 좋아합니다.)

● Henry likes fruit very much.
헨리 라익쓰 프룻 베리 머치
(헨리는 과일을 아주 좋아합니다.)

7) 그는 영어로 말합니다

▨ 회 화

● Excuse me.
익스큐즈 미
(실례하겠습니다.)

● May I help you?
메이 아 헬프 유
(무슨 용무이십니까?)

● How much will it cost to send this package by airmail?
하우 머치 윌 잇 코스트 투 센드 디스 패키지 바이 에어메일
(이 소포는 항공편으로 얼마입니까?)

● Where do you want to send?
웨어 두 유 원 투 센드
(어디에 보내십니까?)

● To kwang Ju in Korea.
투 광 주 인 코리아
(한국의 광주로 보냅니다.)

● It weight 1.3kg. One hundred dollars.
잇 웨이트 원 포인트 쓰리 킬로그램 원 헌드레드 달러즈
(1kg 300g이군요. 100달러입니다.)

● Will it arrive by next week?
 윌 잇 어라이브 바이 넥스트 윅
(다음주까지는 도착합니까?)

● Surely.
 슈얼리
(네, 그렇습니다.)

● Then, I leave it to you.
 덴 아이 리브 잇 투 유
(그럼, 부탁합니다.)

▨ 예 문

● The American take a meal with a fork.
 디 어메리컨 테이크 어 밀 위드 어 포크
(미국 사람은 포크로 밥을 먹습니다.)

● I telephone my friends.
 아이 텔리폰 마이 프렌즈
(나는 친구들에게 전화를 합니다.)

● She takes a meal with a spoon.
 쉬 테익쯔 어 밀 위드 어 스푼
(그녀는 수저로 밥을 먹습니다.)

● Paul takes a meal with his hands.
 폴 테익쓰 어 밀 위드 히즈 핸즈
(폴 씨는 손으로 밥을 먹습니다.)

- What do you call "Good morning" in Korean?
  왓 두 유 콜 굿 모닝 인 코리언
  (굿 모닝은 한국어로 무엇입니까?)

- "Annyung-ha-se-yo."
  안녕 하 세 요
  ("안녕하세요"입니다.)

8) 장미꽃은 예쁩니다

▨ 회 화

● I am back.
아이 엠 백
(다녀왔습니다.)

● Come right in, please.
컴 라잇 인 플리즈
(어서 오세요.)

● Where did you go?
웨어 디 쥬 고
(어디에 갔었습니까?)

● I went to Henry's house.
아이 웬 투 헨리즈 하우스
(헨리 씨 집에 갔었습니다.)

● Is that so? How is the house?
이즈 댓 소 하우 이즈 더 하우스
(그렇습니까? 어떤 집입니까?)

● It is small but new.
잇 이즈 스몰 벗 뉴
(작지만 새 집입니다.)

● Did you meet Henry's wife?
디 쥬 밋 헨리즈 와이프
(헨리 씨 부인을 만났습니까?)

● What kind of woman is his wife?
왓 카이드 어브 우먼 이즈 히즈 와이프
(부인은 어떤 사람입니까?)

● Beautiful and kind.
뷰티풀 앤 카인드
(예쁘고 친절한 사람입니다.)

예 문

● Roses are beautiful.
로지즈 아 뷰티풀
(장미꽃은 예쁩니다.)

● Elephants are big.
엘리펀쯔 아 빅
(코끼리는 큽니다.)

● This is not big.
디스 이즈 낫 빅
(이것은 크지 않습니다.)

● Mary is kind.
메리 이즈 카인드
(메리는 친절합니다.)

- The Koreans are an interesting people.
  더 코리언즈 아 언 인터레스팅 피플
  (한국 사람은 재미있습니다.)

- Is this camera good?
  이즈 디스 케머러 굿
  (이 카메라는 좋습니까?)

- Yes, it is. It is very good.
  예스 잇 이즈 잇 이즈 베리 굿
  (예, 아주 좋습니다.)

- No, it isn't. It is not very good.
  노 잇 이즌 잇 이즈 낫 베리 굿
  (아니오, 별로 좋지 않습니다.)

- How is American dishes?
  하우 이즈 어메리컨 디쉬즈
  (미국 요리는 어떻습니까?)

- It is delicious.
  잇 이즈 딜리셔스
  (맛있습니다.)

- How is summer in Korea?
  하우 이즈 써머 인 코리아
  (한국의 여름은 어떻습니까?)

- Very hot.
  베리 핫
  (아주 덥습니다.)

● Whose is that blue handkerchief?
후스 이즈 댓 블루 헹커치프

(저 파란 손수건은 누구의 것입니까?)

9) 나는 사과를 좋아합니다

▨ 회 화

● What's wrong with you?
왓쯔 롱 위드 유
(어쩐 일이십니까?)

● I've had a cold.
아이브 해드 어 콜드
(감기에 걸렸습니다.)

● And I had a feeble headache.
앤 아이 해드 어 피블 헤데이크
(그리고, 머리가 조금 아픕니다.)

● Did you go to see the doctor?
디 쥬 고 투 씨 더 닥터
(병원에 가셨습니까?)

● No, I didn't.
노 아 디든트
(아니오, 안 갑니다.)

● Why?
와이
(왜입니까?)

- Because I have a hatred against an injection.
  비커즈 아이 해브 어 헤이트리드 어겐스트 언 인젝션
  (주사가 싫어서입니다.)

- Well, I'd like to give you medicine.
  웰 아이드 라익 투 기브 유 메디슨
  (그럼, 약을 드릴까요?)

- Thank you.
  쌩 큐
  (예, 부탁합니다.)

예 문

- Do you like wine?
  두 유 라이크 와인
  (당신은 술을 좋아합니까?)

- Yes, I do.
  예스 아이 두
  (네, 좋아합니다.)

- No, I don't.
  노 아 돈
  (아니오 좋아하지 않습니다.)

- What sports do you like?
  왓 스포츠 두 유 라이크

(당신은 어떤 운동을 좋아합니까?)

● I like swimming.
아이 라이크 스위밍
(수영을 좋아합니다.)

● Do you write well.
두 유 라이트 웰
(당신은 글씨를 잘 씁니까?)

● No, I don't write well.
노 아 돈 라이트 웰
(아니오, 잘 못 씁니다.)

● Does he know how to use typewriter?
다즈 히 노 하우 투 유즈 타이프라이터
(그는 타이프 사용법을 알고 있습니까?)

● Yes, he knows well?
예스 히 노즈 웰
(네, 잘 압니다.)

● Not a bit.
낫 어 빗
(아니오, 전혀 모릅니다.)

● I will go to bed for headache.
아이 윌 고 투 베드 포 헤데이크
(나는 머리가 아파서 자겠습니다.)

● What do you like?
왓 두 유 라이크
(당신은 무엇을 좋아합니까?)

● I like fish.
아이 라이크 피시
(나는 생선을 좋아합니다.)

● I like movies.
아이 라이크 무비즈
(나는 영화를 좋아합니다.)

● What fruit do you like?
왓 프룻 두 유 라이크
(당신은 어떤 과일을 좋아합니까?)

● I like an apple best.
아이 라이크 언 애플 베스트
(나는 사과를 제일 좋아합니다.)

● What dish do you like?
왓 디시 두 유 라이크
(당신은 어떤 요리를 좋아합니까?)

● I like Korean dishes.
아이 라이크 코리언 디쉬즈
(나는 한국 요리를 좋아합니다.)

● Mr. Brown knows Korean very well.
미스터 브라운 노즈 코리언 베리 웰
(브라운은 한국말을 잘 압니다.)

10) 어린이가 방에 있습니다

▨ 회 화

● Is Mr. Jung in the office?
이즈 미스터 정 인 디 어피스
(정 선생은 사무실에 있습니까?)

● He had gone home already.
히 해드 곤 홈 얼레디
(벌써 집에 돌아갔습니다.)

● Where is his house?
웨어 이즈 히스 하우스
(정 선생의 집은 어디입니까?)

● There is a fruit store in front of the station.
데어 이즈 어 프룻 스토어 인 프론트 어브 더 스테이션
(역 앞에 과일가게가 있지요.)

● His house is beside the fruit store.
히즈 하우스 이즈 비싸이드 더 프룻 스토어
(정씨의 집은 과일가게 옆입니다.)

● I got it. It's near.
아이 갓 잇 잇쯔 니어
(그렇습니까? 가깝군요.)

▨ 예 문

● A driver is in the bus.
어 드라이버 이즈 인 더 버스
(버스 안에 운전기사가 있습니다.)

● Who is there in the room?
후 이즈 데어 인 더 룸
(방에 누가 있습니까?)

● Grandfather.
그랜드파더
(할아버지가 계십니다.)

● What is there?
왓 이즈 데어
(저기에 무엇이 있습니까?)

● A park is there.
어 파크 이즈 데어
watch
워치
school
스쿨
(저기에 공원이 있습니다.)
(저기에 시계가 있습니다.)
(저기에 학교가 있습니다.)

● There is a book on the desk.
데어 이즈 어 북 온 더 데스크

under
언더

in the middle of
인 더 미들 어브

in the right of
인 더 라잇 어브

in the left of
인 더 레프트 어브

(책상 위에 책이 있습니다.)
(책상 아래에 책이 있습니다.)
(책상 가운데 책이 있습니다.)
(책상 오른쪽에 책이 있습니다.)
(책상 왼쪽에 책이 있습니다.)

● Henry is out.
헨리 이즈 아웃

behind Mr. Lee.
비하인드 미스터 리

in the office.
인 디 어피스

(헨리 씨는 밖에 있습니다.)
(헨리 씨는 이 선생 뒤에 있습니다.)
(헨리 씨는 사무실에 있습니다.)

● There is a department store or a
데어 이즈 어 디파트먼트 스토어 오아 어

restaurant and a hospital, etc, near the
레스트런트 앤 어 하스피틀 이세트러 니어 더

station.
스테이션

(역 가까운 곳에 백화점이나 레스토랑과 병원 등이 있습니다.)

- There is a bank or a post office and a barber's, etc, near the station.
데어 이즈 어 뱅크 오아 어 포스트 어피스 앤 어 바버즈 이세트러 니어 더 스테이션

(역 가까운 곳에 은행이나 우체국과 이발소 등이 있습니다.)

- There is a school or a park and a factory, etc, near the station.
데어 이즈 어 스쿨 오아 어 파크 앤 어 팩터리 이세트러 니어 더 스테이션

(역 가까운 곳에 학교나 공원과 공장 등이 있습니다.)

11) 나는 일 주일에 한 번 빨래를 합니다

▨ 회 화

● How many men are there in this factory?
하우 메니 멘 아 데어 인 디스 팩터리
(이 공장에 사람이 몇 명 있습니까?)

● About five hundred.
어바웃 파이브 헌드레드
(500명 정도입니다.)

● How many machines are there?
하우 메니 머쉰즈 아 데어
(기계는 몇 대 있습니까?)

● About forty.
어바웃 포티
(40대 있습니다.)

● Are they foreign products?
아 데이 포린 프로덕쯔
(외국제입니까?)

● No. They are all Korean products.
노 데이 아 올 코리언 프러덕쯔
(아니오, 전부 한국제입니다.)

● How many watches do you make?
하우 메니 워치즈 두 유 메이크
(하루에 시계를 얼마나 만듭니까?)

● About one hundred fifty.
어바웃 원 헌드레드 피프티
(150개 만듭니다.)

▨ 예 문

● How many rooms are there in that school?
하우 메니 룸즈 아 데어 인 댓 스쿨
(학교에 교실이 몇 개 있습니까?)

● Five.
파이브
(다섯 개 있습니다.)

● How many children do you have?
하우 메니 칠드런 두 유 해브
(당신은 어린애가 몇 명 있습니까?)

● Two.
투
(두 명 있습니다.)

● How much is this melon one?
하우 머치 이즈 디스 멜런 원
(이 멜론은 한 개에 얼마입니까?)

- Eight hundred won.
  에이트 헌드레드 원
  (한 개에 800원입니다.)

- Three, please.
  쓰리 플리즈
  (세 개 주세요.)

- The total sum is twenty four hundred.
  더 토틀 썸 이즈 투웬티 포 헌드레드
  (모두 2,400원입니다.)

- How many apples are there?
  하우 메니 애플즈 아 데어
  (사과가 몇 개 있습니까?)

- One, two, three, four, five. There are five.
  원 투 쓰리 포 파이브 데어 아 파이브
  (하나, 둘, 셋, 넷, 다섯, 모두 다섯 개 있습니다.)

- How often do you clean?
  하우 오픈 두 유 클린
  (당신은 어느 정도 청소합니까?)

- Twice a day.
  투와이스 어 데이
  (나는 하루에 2회 청소합니다.)

● Twice a week.
투와이스 어 윅
(나는 1주일에 2회 청소합니다.)

● Twice a month.
투와이스 어 먼쓰
(나는 1개월에 2회 청소합니다.)

● He bought two cameras.
히 보우트 투 캐머러즈
(그는 카메라를 두 대 샀습니다.)

12) 서울은 부산보다 큽니다

▨ 회 화

● It is very clear today.
잇 이즈 베리 클리어 투데이
(좋은 날씨군요.)

● How's your business?
하우즈 유어 비지니스
(하시는 일은 어떻습니까?)

● I'm busy every day.
아임 비지 에브리 데이
(언제나 바쁜 편입니다.)

● When are you the freest?
웬 아 유 더 프리스트
(당신은 언제가 가장 한가합니까?)

● I am the freest Saturday afternoon.
아이 엠 더 프리스트 쎄터데이 애프터눈
(토요일 오후가 가장 한가합니다.)

● Why don't you come over me?
와이 돈 츄 컴 오버 미
(우리 집에 놀러오시지 않겠어요?)

- Now, when will it be convenient?
  나우 웬 윌 잇 비 컨비니언트
  (예, 몇시쯤이 좋겠습니까?)

- About three.
  어바웃 쓰리
  (세시쯤이 좋겠습니다.)

- New York is bigger than Seattle.
  뉴 욕 이즈 비거 댄 씨애틀
  (뉴욕은 씨애틀보다 큽니다.)

- Which one is faster, subway or bus?
  위치 원 이즈 패스터 써브웨이 오아 버스
  (전철과 버스 중 어느 쪽이 빠릅니까?)

- Subway is faster than bus.
  써브웨이 이즈 패스터 댄 버스
  (전철쪽이 빠릅니다.)

- Which is more interesting, movie or play?
  위치 이즈 모어 인터레스팅 무비 오아 플레이
  (영화와 연극 중 어느쪽이 재미있습니까?)

- Movie is more interesting.
  무비 이즈 모어 인터레스팅
  (영화쪽이 재미있습니다.)

- We had snow yesterday.
  위 해드 스노우 예스터데이
  (어제는 눈이 왔습니다.)

● It was cold two days ago.
잇 워즈 콜드 투 데이즈 어고우
(그저께는 추웠습니다.)

● Is America hotter than Korea?
이즈 어메리커 핫터 댄 코리아
(미국은 한국보다 덥습니까?)

● Almost Same.
얼머스트 세임
(대체로 비슷하지요.)

● Where is it the most famous in your country?
웨어 이즈 잇 더 모스트 페이머스 인 유어 칸트리
(당신의 나라에서 가장 유명한 곳은 어디입니까?)

● Who is the oldest among this tourist party?
후 이즈 디 올디스트 어멍 디스 투어리스트 파티
(이 단체여행자 중에서 어느 분이 가장 연장자이십니까?)

13) 밥을 먹으러 갑시다

▨ 회 화

- Where do you go?
  웨어 두 유 고
  (어디에 가십니까?)

- I go to the department store to buy a radio.
  아이 고 투 더 디파트먼트 스토어 투 바이 어 래디오
  (백화점에 라디오를 사러 갑시다.)

- I want to have a cassette, too.
  아 원 투 해브 어 카셋 투
  (나도 카세트가 갖고 싶습니다만.)

- Well, let's go together.
  웰 렛쯔 고 투게더
  (그럼, 함께 가실까요?)

- Let's go.
  렛쯔 고
  (그럽시다.)

- You look tired.
  유 룩 타이어드
  (피곤해 보이는군요.)

- I' m hungry.
  아임 헝그리
  (나는 배가 고픕니다.)

- Let' s go to that restaurant.
  렛쯔 고 투 댓 레스트런트
  (저 식당에 들어갈까요?)

- Yes, let' s go.
  예스 렛쯔 고
  (네, 그럽시다.)

▨ 예 문

- What do you like to have?
  왓 두 유 라익 투 헤브
  (당신은 무엇을 갖고 싶습니까?)

- I want to have a car.
  아 원 투 해브 어 카
  (자동차가 갖고 싶습니다.)

- I want nothing.
  아 원 낫씽
  (아무것도 갖고 싶지 않습니다.)

- What do you want to drink?
  왓 두 유 원 투 드링크
  (당신은 무엇을 마시고 싶습니까?)

● Anything will do.
에니씽 윌 두
(무엇이든지 좋습니다.)

● What house do you want?
왓 하우스 두 유 원트
(당신은 어떤 집을 원하십니까?)

● I want to have a some large house.
아 원 투 해브 어 썸 라지 하우스
(조금 큰 집을 갖고 싶습니다.)

● I'd like to listen to the music.
아드 라익 투 리슨 투 더 뮤직
(나는 음악을 듣고 싶습니다.)

● He has gone for a walk.
히 해즈 곤 포 어 워
(그는 산보하러 갔습니다.)

● Children went to a plant visit.
칠드런 웬 투 어 플랜트 비지트
(어린이들은 견학하러 갔습니다.)

● What do you want to do?
왓 두 유 원 투 두
(당신은 지금 무엇을 하고 싶습니까?)

● I feel like cleaning.
아 필 라익 클리닝
(청소를 하고 싶습니다.)

● I feel like writing a letter.
아 필 라익 라이팅 어 레터
(편지를 쓰고 싶습니다.)

14) 사전을 빌려 주세요

▨ 회 화

● May I help you?
메이 아이 헬프 유
(어서 오십시오.)

● Would you show me a radio and cassette?
우 쥬 쇼 미 어 래디오 앤 카셋
(카세트 겸용 라디오를 보여 주세요.)

● Various kind of staffs. Which kind do you like?
버라이어스 카인드 어브 스텁쓰 휘치 카인드 두 유 라익
(여러 가지 있습니다. 어떤 종류가 좋습니까?)

● Show me a small one, please.
쇼 미 어 스몰 원 플리즈
(작은 것을 주세요.)

● How about this one?
하우 어바웃 디스 원
(이것은 어떻습니까?)

● Good. how much is it?
굿 하우 머치 이즈 잇
(그것 좋군요. 얼마입니까?)

- Seventeen thousand won.
  세븐틴 싸우전 원
  (17,000원입니다.)

- Then, I'll get it.
  덴 아윌 겟 잇
  (그럼 그것을 주세요.)

▨ 예 문

- Mr. Kim is smoking now.
  미스터 킴 이즈 스모킹 나우
  (김 선생은 지금 담배를 피우고 있습니다.)

- Would you speak more slowly?
  우 쥬 스피크 모아 슬로울리
  (좀더 천천히 말해 주세요.)

- Excuse me, pass me the sugar, please.
  익스큐즈 미 패스 미 더 슈거 플리즈
  (미안합니다만, 설탕을 집어 주세요.)

- What is Henry doing now?
  왓 이즈 헨리 두잉 나우
  (헨리 씨는 지금 무엇을 하고 있습니까?)

- He is looking into the old traces in the road.
  히 이즈 룻킹 인투 디 올드 트레이씨즈 인 더 로드

(길에서 옛날 흔적을 조사하고 있습니다.)

● John is talking with a businessman in the lobby.
존 이즈 토킹 위드 어 비지니스맨 인 더 로비
(존은 로비에서 사업가와 대화하고 있습니다.)

● It is raining now.
잇 이즈 레이닝 나우
(지금 비가 오고 있습니까?)

● Call me up, please.
콜 미 업 플리즈
(전화를 걸어 주십시오.)

● Call me a taxi, please.
콜 미 어 택시 플리즈
(택시를 불러 주십시오.)

15) 이 카세트를 이용해도 됩니까?

▨ 회 화

● Henry, do you know that woman?
헨리 두 유 노 댓 우먼
(헨리 씨, 저 여인을 알고 계십니까?)

● No, I don' t. Who is she?
노 아이 돈 후 이즈 쉬
(아니오, 모릅니다. 누구십니까?)

● Sally. she lives near the hospital.
샐리 쉬 리브즈 니어 더 허스피틀
(샐리 씨입니다. 병원 가까이에 살고 있습니다.)

● Very pretty. Is she single yet?
베리 프리티 이즈 쉬 싱글 옛
(예쁘군요. 아직 독신입니까?)

● No, She was married already.
노 쉬 워즈 메리드 얼레디
(아니오, 벌써 결혼했습니다.)

● Sir, may I go now?
써 메이 아이 고우 나우
(선생님, 이제 가도 되겠습니까?)

● Yes, you may.
예스 유 메이
(네, 가도 좋습니다.)

● No, you must not.
노 유 머스트 낫
(아니오, 안됩니다.)

● Do you have an umbrella with you?
두 유 해브 언 엄브렐러 위드 유
(당신은 우산을 가지고 있습니까?)

● No, I don't.
노 아이 돈
(아니오, 가지고 있지 않습니다.)

● Then, do you mind my lending it to you?
덴 두 유 마인드 마이 렌딩 잇 투 유
(그럼 제것을 빌려 드릴까요?)

● Of course not.
어브 코스 낫
(네, 빌려 주십시오.)

● Where can I buy a stamp and an envelope?
웨어 캔 아이 바이 어 스템프 앤 언 앤빌로우프
(어디서 우표나 봉투를 팔고 있습니까?)

● Over there.
오버 데어
(저기에서 팔고 있습니다.)

- It got dark.
  잇 갓 다크
  (어두워졌군요.)

- May I turn on the light?
  메이 아이 턴 온 더 라이트
  (전기를 켤까요?)

- Yes, please.
  예스 플리즈
  (네, 켜 주십시오.)

16) 이 사과는 크고 맛있습니다

▨ 회 화

● Excuse me, but would you lend me your cassette?
익스큐즈 미 벗 우 쥬 렌드 미 유어 카셋
(미안합니다만, 카세트를 빌려 주세요.)

● Sure. This is light and have a good sound.
슈어 디스 이즈 라이트 앤 해브 어 굿 싸운드
(그러지요, 이것은 가볍고 소리가 좋습니다.)

● May I use it until two days later?
메이 아이 유즈 잇 언틸 투 데이즈 레이터
(모레까지 써도 되겠습니까?)

● I am afraid I can't. I'll need it two days later.
아이 엠 어프레드 아이 캔트 아윌 니드 잇 투 데이즈 레이터
(아니오, 그건 곤란합니다. 모레에는 나도 플레이어가 필요합니다.)

● Then, I'll be here to return it later.
덴 아윌 비 히어 투 리턴 잇 레이터
(그러면 후에 돌려주러 오겠습니다.)

▨ 예 문

● Did you go to New york yesterday?
디 쥬 고 투 뉴 욕 예스터데이
(어제 뉴욕에 갔었습니까?)

● Yes, I did. I went there as soon as my
예스 아이 디드 아이 웬트 데어 애즈 순 애즈 마이
work was finished.
워크 워즈 피니쉬트
(네, 일이 끝나자 바로 갔었습니다.)

● What did you do in New York?
왓 디 쥬 두 인 뉴 욕
(뉴욕에 가서 무엇을 했습니까?)

● I met my sister and made a shopping,
아이 멧 마이 씨스터 앤 매이드 어 쇼핑
and have beef-steak together.
앤 해브 비프 스테이크 투게더
(언니를 만나 물건을 사고, 함께 비프 스테이크를 먹었습니다.)

● Who is he?
후 이즈 히
(저 사람은 누구입니까?)

● He is Mr. Jung. He is from China and a
히 이즈 미스터 정 히 이즈 프롬 차이나 앤 어
foreign student in Harvard graduate course.
포린 스튜던트 인 하버드 그래쥐트 코스

(정씨입니다. 중국인으로 하버드 대학원 유학생입니다.)

● What kind of man is he?
왓 카인드 어브 맨 이즈 히
(그 사람은 어떤 사람입니까?)

● He is young, handsome, and smart.
히 이즈 영 핸썸 앤 스마트
(젊고, 잘생기고, 머리가 좋습니다.)

● I am tired. So, I'd like to take a rest at home.
아이 엠 타이어드 쏘 아드 라익 투 테이크 어 레스트 앳 홈
(피곤하므로 집에 들어가 쉬겠습니다.)

17) 나를 잊지 마세요

▨ 회 화

- Excuse me.
  익스큐즈 미
  (실례합니다.)

- Is John in?
  이즈 존 인
  (존 씨 계십니까?)

- Hey, it's been a long time.
  헤이 잇쯔 빈 어 롱 타임
  (야, 오랫만이군요.)

- Are you healed?
  아 유 힐드
  (상처는 나았습니까?)

- Yes, I'm all right. Thank you for being concerned.
  예스 아임 올 라잇 쌩 큐 포 빙 컨선드
  (네, 이제 괜찮습니다. 걱정해 주어서 고마워요.)

- I'm glad to hear that.
  아임 글래드 투 히어 댓
  (그것 잘 되었네요.)

- It's nine o'clock already. I must be going now.
  잇쯔 나인 어클락 얼레디 아이 머스트 비 고잉 나우
  (벌써 9시네요. 이제 가야 되겠습니다.)

- Well, take care of yourself.
  웰 테익 케어 어브 유어셀프
  (그럼, 몸조심 하십시오.)

- Thank you.
  쌩 큐
  (네, 감사합니다.)

- I'm sorry I've troubled you.
  아임 쏘리 아브 트러블드 유
  (실례했습니다.)

▨ 예 문

- You need not return a book by today.
  유 니드 낫 리턴 어 북 바이 투데이
  (오늘까지 책을 돌려주지 않아도 됩니다.)

- No sugar in tea, please.
  노 슈가 인 티 플리즈
  (홍차에 설탕을 넣지 마세요.)

- Should I take off my shoes in the office?
  슈드 아이 테이크 어프 마이 슈즈 인 디 어피스

(사무실에서 구두를 벗지 않으면 안 됩니까?)

- No, you need not.
  노 유 니드 낫
  (아니오, 벗지 않아도 됩니다.)

- Should I speak in English in the factory?
  슈드 아이 스피크 인 잉글리쉬 인 더 팩터리
  (공장에서 영어로 말하지 않으면 안 됩니까?)

- No, you need not.
  노 유 니드 낫
  (아니오, 영어로 이야기 하지 않아도 됩니다.)

- Don't touch the switch.
  돈 터치 더 스위치
  (이 스위치에 손 대지 마시오.)

- Why?
  와이
  (왜입니까?)

- Because it is dangerous.
  비커즈 잇 이즈 데인져러스
  (위험하니까요.)

- You must show me your passport.
  유 머스트 쇼 미 유어 패스포트
  (패스포트를 보이지 않으면 안 됩니다.)

- You need not say to your father.
유 니드 낫 세이 투 유어 파더

(아버지께 말하지 않아도 됩니다.)

- Don't come here.
돈 컴 히어

(여기 오지 마세요.)

- Don't open the window, please.
돈 오픈 더 윈도우 플리즈

(창을 열지 마세요.)

- Don't put the ash-tray on the desk, please.
돈 풋 더 애쉬 트레이 온 더 데스크 플리즈

(책상 위에 재떨이를 놓지 마세요.)

- Don't turn on the TV, please.
돈 턴 온 더 티 브이 플리즈

(텔레비전을 켜지 마세요.)

- I must study every day.
아이 머스트 스터디 에브리데이

(매일 공부하지 않으면 안 됩니다.)

18) 그는 운전을 할 수 있습니다

▨ 회 화

● Hello.
헬로우
(여보세요.)

● Is Henry in?
이즈 헨리 인
(헨리 씨 계십니까?)

● No, he isn't in. Who's calling, please?
노 히 이즌 인 후즈 콜링 플리즈
(지금 안 계십니다만, 누구십니까?)

● This is Rao from India. I return to my country, so I hope to meet Henry ahead.
디스 이즈 라오 프롬 인디아 아이 리턴 투 마이 컨트리 쏘 아이 호프 투 미트 헨리 어헤드
(나는 인도의 라오입니다. 내일 조국에 돌아갑니다만, 그 전에 헨리 씨를 만나고 싶어서입니다.)

● Is that so? I miss you.
이즈 댓 쏘 아이 미스 유
(그렇습니까? 섭섭하군요.)

● The host traveled away yesterday.
더 호스트 트래블드 어웨이 예스터데이

(주인은 어제 여행을 떠났습니다.)

● Oh, give my regards to him, please.
오우 기브 마이 리가즈 투 힘 플리즈
(그렇습니까? 그럼 안부 전해 주세요.)

● Sure. Take care of yourself.
슈어 테익 케어 어브 유어셀프
(알겠습니다. 안녕히 가세요.)

▨ 예 문

● Can you speak in English?
캔 유 스픽 인 잉글리쉬
(당신은 영어를 할 줄 압니까?)

● Yes, a little.
예스 어 리틀
(네, 조금 할 줄 압니다.)

● Can you repair this radio?
캔 유 리페어 디스 래디오
(당신은 라디오의 고장을 고칠 수 있습니까?)

● No, I can't.
노 아이 캔트
(아니오, 고칠 수 없습니다.)

● I can't speak English yet.
아이 캔트 스픽 잉글리쉬 옛

(나는 아직 영어를 말할 수 없습니다.)

● Can I borrow money from the bank?
캔 아이 바로우 머니 프롬 더 뱅크
(은행에서 돈을 빌릴 수 있습니까?)

● Mary can play the piano.
메리 캔 플레이 더 피아노
(메리 씨는 피아노를 칠 수 있습니다)

● Can you teach children English?
캔 유 티치 칠드런 잉글리쉬
(당신은 어린이들에게 영어를 가르칠 스 있습니까?)

● She can eat meat.
쉬 캔 이트 미트
(그녀는 고기를 먹을 수 있습니다.)

19) 나는 로키 산을 본 적이 있습니다

▨ 회 화

● Hello. Is Henry in?
헬로우 이즈 헨리 인
(여보세요, 헨리 씨 계십니까?)

● I'm sorry, but who's calling?
아임 쏘리 벗 후즈 콜링
(실례입니다만, 누구십니까?)

● This is Mr. Lim from Korea. I met him
디스 이즈 미스터 임 프롬 코리아 아이 멧 힘
once in Korea two years ago.
원스 인 코리아 투 이어즈 어고우
(한국의 임입니다. 2년 전 서울에서 한 번 만난 적이 있습니다.)

● You? I am sorry.
유 아이 엠 쏘리
(아, 임씨입니까? 정말 실례했습니다.)

● No. That's all right.
노 댓쯔 올 라이트
(아닙니다. 괜찮습니다.)

● He is Raos.
히 이즈 라오

(이분은 라오 씨입니다.)

- We are in a research study course.
  위 아 인 어 리써치 스터디 코스
  (같은 회사에서 연수중입니다.)

- How do you do? Nice to meet you.
  하우 두 유 두 나이스 투 미 츄
  (처음 뵙겠습니다. 잘 부탁합니다.)

- How do you do? Glad to meet you.
  하우 두 유 두 글래드 투 미 츄
  (처음뵙겠습니다. 만나서 반갑습니다.)

▨ 예 문

- Have you ever seen snow?
  해브 유 어버 씬 스노우
  (당신은 눈을 본 적이 있습니까?)

- Yes, I have.
  예스 아이 해브
  (네, 본 일이 있습니다.)

- No, I haven' t
  노 아이 해븐
  (아니오, 본 적이 없습니다.)

- What will you do after lunch?
  왓 윌 유 두 애프터 런치

(점심식사 후에 무엇을 하십니까?)

● I will go for a walk to the park.
아이 윌 고 포 어 웍 투 더 파크
(공원에 산보 하러 가겠습니다.)

● Should I take a medicine for headache?
슈드 아이 테이크 어 메디슨 포 헤데이크
(두통약을 먹는 편이 좋겠습니까?)

● Yes, you had better.
예스 유 해드 베터
(네, 먹는 편이 좋습니다.)

● No, you had better not.
노 유 헤드 베터 낫
(아니오, 먹지 않는 편이 좋습니다.)

20) 선생님은 무어라고 말씀하셨습니까?

▨ 회 화

- How do you think about U.S.A?
  하우 두 유 씽크 어바웃 유 에스 에이
  (미국에 관하여 어떻게 생각하십니까?)

- I think it is beautiful, but I don't
  아이 씽크 잇 이즈 뷰티풀 벗 아이 돈
  know well.
  노 웰
  (네, 아름다운 나라라고 생각합니다만, 아직 잘 모르겠습니다.)

- Raos said that everything is expensive in
  라오 쎄드 댓 에브리씽 이즈 익스펜씨브 인
  America.
  어메리카
  (라오 씨는 미국이 물가가 비싸다고 말했습니다.)

- I think so.
  아이 씽 소
  (나도 그렇게 생각합니다.)

- Especially food stuff is expensive.
  이스페셜리 푸드 스터프 이스 익스펜시브
  (특히 먹을 것이 비쌉니다.)

● It is true, but electric products are much
잇 이즈 트루 벗 일렉트릭 프러덕쯔 아 머치
lower than Korea.
로어 댄 코리아
(그렇지요. 그러나, 전기제품은 우리나라보다 훨씬 쌉니다.)

● Then, I'll be back with some electric
댄 아윌 비 백 위드 썸 일렉트릭
products.
프러덕쯔
(그럼 사가지고 가겠습니다)

● But the electric voltage is different from
벗 디 일렉트릭 벌티지 이즈 디퍼런트 프롬
our country.
아우어 컨트리
(그렇지만, 우리나라와는 전기 볼트가 다릅니다.)

▨ 예 문

● How do you think about American people?
하우 두 유 씽크 어바웃 어메리칸 피플
(미국인을 어떻게 생각합니까?)

● I think they are not very kind.
아이 씽크 데이 아 낫 베리 카인드
(별로 친절하지 않다고 생각합니다.)

- What did the teacher say?
  왓 디드 더 티쳐 쎄이
  (선생님은 뭐라고 말하셨습니까?)

- He said, "cheer up!"
  히 쎄드 취어 업
  ("좀더 힘내라."고 말씀하셨습니다.)

- Does American food taste good?
  더즈 어메리칸 푸드 테이스트 굿
  (미국 요리는 맛있습니까?)

- Yes, it tastes good.
  예스 잇 테이스쯔 굿
  (미국 요리는 맛있습니다.)

- Do you think it will rain tomorrow?
  두 유 씽크 잇 윌 레인 투마로우
  (내일 비가 오리라고 생각합니까?)

- What do the Korean say before having rice?
  왓 두 더 코리안 세이 비포어 헤빙 라이스
  (한국사람은 밥을 먹기 전에 뭐라고 말합니까?)

- They say, "I will enjoy myself the meal."
  데이 쎄이 아이 윌 인죠이 마이셀프 더 [illegible]
  ("잘 먹겠습니다."라고 말합니다.)

현지어를 바탕으로 한

기초 영어 회화

초판인쇄 1993년 2월 16일
초판 37쇄 2011년 2월 20일

편 저 자 이현숙
발 행 인 김경운(조운)
출판등록 제 2003-000021
발 행 처 우성출판사
주 소 서울시 강동구 암사동 496-34
전 화 02-2236-1832
팩 스 02-2236-1833

ISBN 978-89-7584-064-7 (03740)

*잘못 만들어진 책은 교환해 드립니다.

현지어를 바탕으로 한

초보자들이 쉽게 배울 수 있는

생활일어, 관광일어

서정무 지음

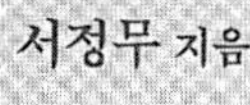

기초

일본어회화

입문에서 활용까지

우성출판사

혼자서 배울 수 있는
영어회화 첫걸음
Can You Speak English? I can...
Good Morning
김상우 엮음
BASIC ENGLISH CONVERSATION

우성출판사

ENGLISH

초보자를 위한 한글 발음 표기 / 일상생활 중심의 주제별 영어회화

일상표현

생활영어

Dictionary of Basic English Conversation

by Kim Sang-woo

회화사전

〈영어회화 기초사전〉

1. 일상생활에서 다양하게 활용할 수 있는 주제별 구성
2. 언제 어디서든 찾아볼 수 있는 사전식 구성
3. 발음을 몰라도 곧바로 읽을 수 있는 한글 발음 표기
4. 쉽고 간단한 회화 위주의 표현 구성

BASIC

우성출판사